Ralf Meyer

Alternative Investments verständlich verkaufen

Ralf Meyer

# Alternative Investments verständlich verkaufen

Ein Leitfaden für Praktiker

**GABLER**     **apano** akademie *edition*

Bibliografische Information der Deutschen Nationalbibliothek
Die Deutsche Nationalbibliothek verzeichnet diese Publikation in der
Deutschen Nationalbibliografie; detaillierte bibliografische Daten sind im Internet über
<http://dnb.d-nb.de> abrufbar.

1. Auflage 2010

Alle Rechte vorbehalten
© Gabler Verlag | Springer Fachmedien Wiesbaden GmbH 2010

Lektorat: Guido Notthoff

Gabler Verlag ist eine Marke von Springer Fachmedien.
Springer Fachmedien ist Teil der Fachverlagsgruppe Springer Science+Business Media.
www.gabler.de

Umschlaggestaltung: KünkelLopka Medienentwicklung, Heidelberg
Druck und buchbinderische Verarbeitung: MercedesDruck, Berlin
Gedruckt auf säurefreiem und chlorfrei gebleichtem Papier
Printed in Germany

ISBN 978-3-8349-1614-3

# Geleitworte des Herausgebers

„Alternative Investments" stehen für etwas Neues. Sie sind innovativ und stellen eine Alternative zu den klassischen Anlagen wie Aktien oder Renten dar. Neuerungen stehen wir Menschen jedoch grundsätzlich kritisch gegenüber. Nicht zuletzt, weil die Vielfältigkeit dieser Anlageformen kein einheitliches Bild zulässt.

Ob innovative Zertifikatestrukturen, Beteiligungen oder die vieldiskutierten Hedgefonds, sie alle fallen unter diese Anlagekategorie und jede einzelne von Ihnen enthält wiederum eine fast unbegrenzte Zahl von Investitionsmöglichkeiten. Was haben sie gemeinsam? Worin unterscheiden sie sich? Welchen Mehrwert können sie bieten und wo liegen ihre Risiken? Diese Fragen stellt sich nicht zuletzt der private Investor – eine umfassende Beantwortung unterbleibt jedoch meist.

Andererseits werden Anlagealternativen gebraucht und gesucht. Aktien können durch ihre ständigen Berg- und Talfahrten ein hohes Risikopotential aufweisen, Rentenpapiere bieten derzeit wenig Zins und deshalb geringen Inflationsschutz.

Daher ist es nur sinnvoll, dass Anlageberater ihr Angebot um die Assetklasse „Alternative Investments" erweitern. Sie folgen hier dem Vorbild erfolgreicher Institutioneller Anleger und berühmter Universitäten wie Oxford, Harvard und Yale.

Wichtig ist jedoch die Verständlichkeit dieser vergleichsweise neuen Anlageformen. Wenn sich ein Anleger mit einer für ihn neuen Anlageform beschäftigt, dann muss er sie verstehen und ein gutes Gefühl haben, damit er investiert.

Nicht zuletzt ist es eine vornehme Pflicht des Anlage- und Vermögensberaters, den Kunden – auf Basis dessen individueller Präferenzen – umfassend und objektiv über Anlagealternativen zu informieren. Nur ein informierter Kunde ist ein überzeugter – und letztlich auch zufriedener und treuer Kunde.

Der Autor dieses Buches, Ralf Meyer hat es sich zur Aufgabe gemacht, komplexe und innovative Anlageformen einfach darzustellen und verständlich zu erläutern. Mehr noch, er versetzt den Leser in die Lage, dies auch mit System und Methode an seine Kunden weiter zu geben. Ein rundum gelungenes Buch für Praktiker, das Anlage-/Vermögensberatern ein hilfreicher Leitfaden in Beratung und Vertrieb von „Alternativen Investments" sein wird.

Ich wünsche Ihnen ein informatives Lesevergnügen!

Ihr
Peter Kräuter

# Für wen ist dieses Buch gedacht?

Dieses Buch richtet sich an alle Berater und Entscheider im Finanzdienstleistungsbereich. Es ist ein Buch für Praktiker! Es stellt für jeden einen Gewinn dar, der Kunden in Finanzgeschäften direkt berät oder eine Führungskraft in diesem Bereich ist. Ebenso ist es eine Inspirationsquelle für Vertriebstrainer und Multiplikatoren, in der die Fülle psychologischer und strukturierter Vertriebsansätze mit der praktischen Umsetzung zu einem einfachen aber wirkungsvollem Leitfaden verschmilzt.

**Worum geht es:** Ein Kunde, der Geld bei seinem Berater anlegt, hat in der Regel immer ein Ziel: Sein Geld soll mehr werden!

In den meisten Fällen ist es dabei für den Kunden völlig unerheblich, wie die Aktienmärkte oder die Zinsen sich entwickeln, wohin die Wirtschaft geht oder wie Währungen sich verändern. Es ist ihm zwar erklärbar, aber er ist nicht wirklich glücklich damit, wenn z. B. sein Aktienfonds „nur" 10 Prozent verliert, während der DAX um ganze 20 Prozent abstürzt. Im Grunde will also jeder Kunde einen absoluten Wertzuwachs haben.

Es gibt keine Rendite ohne adäquates Risiko. Anlageformen, die von klassischen Märkten abhängig sind, haben jedoch einen entscheidenden Nachteil: Das Marktrisiko an sich ist nicht beeinflussbar. Das heißt: In unserem vorherigen Beispiel hat der Fondsmanager sogar gute Arbeit geleistet. Er hat eine relative Überrendite von 10 Prozent für den Kunden generiert. Der Markt hat ihm davon jedoch 20 Prozent wieder abgenommen, so dass der Kunde trotz erfolgreichem Management einen absoluten Verlust von 10 Prozent akzeptieren muss.

Um dieses unkontrollierbare Risiko im Depot zu verringern, wird auf Anlageformen zurückgegriffen, die das „Marktrisiko" reduzieren, völlig herausnehmen oder nicht mit den klassischen Märkten in Verbindung stehen (keine Korrelation haben), die sogenannten „Alternativen Investments". In der Praxis haben sich hier insbesondere die Formen Hedgefonds, Beteiligungen und auch bestimmte Formen von Zertifikaten in den Depots der Kunden etabliert.

Trotz der Vorteile „Alternativer Investments" liegt Deutschland im Vergleich zu angelsächsischen und asiatischen Ländern noch weit in der Nutzung dieser Anlageformen zurück. Insbesondere Hedgefonds und Beteiligungen finden sich eher in den professionell gemanagten Depots institutioneller Anleger und vermögender Kunden als in der breiten Masse der Kundendepots.

Ein Hauptgrund hierfür ist vor allem die Komplexität dieser Anlageformen. Nicht nur der Kunde will verstehen, was er kauft, auch der Gesetzgeber sorgt mit strengen gesetzlichen Vorschriften (Stichwort: Beraterhaftung) für eine „Beratungshürde", über die nur wenige sportliche Anlagespezialisten springen.

Ralf Meyer hat Ihnen mit diesem Buch ein Werkzeug in die Hand gegeben, mit dem Sie diese Hürde spielend überspringen können! Es ist mehr als nur ein Leitfaden für den Vertrieb Alternativer Investments. Es ist vielmehr ein Leitfaden für den dauerhaften Erfolg im Vertrieb aller Finanzanlagen!

Dieses Buch führt Sie Schritt für Schritt durch die wesentlichen Erfolgsfaktoren in der Kundenberatung. Es macht Sie sicherer im Umgang mit dem Mensch „Kunde" und hilft Ihnen, auch komplexe Anlageprodukte einfach und verständlich darzustellen. Durch seine strukturierte Analyse- und Gesprächsmethodik legt Ralf Meyer die Grundlage für effiziente, erfolgreiche und auch für den Kunden verständliche Beratungsgespräche.

## Nutzung der Grafiken:

Gemeinsam mit Kollegen von der Credit Suisse, der MPC und der VR-Bank Rhön-Grabfeld eG, durfte die apano GmbH Herrn Meyer bei diesem Werk mit Grafiken und fachlichen Informationen unterstützen. Falls Sie einzelne Schaubilder z.B. als Verkaufshilfen aus diesem Buch benötigen, wenden Sie sich bitte gerne an Herrn Ralf Meyer.

Ich beglückwünsche Herrn Meyer zu diesem wirklich gelungenen Werk und wünsche Ihnen nun viel Spaß beim Lesen und anschließend gute Gespräche sowie viel Erfolg bei der Umsetzung!


Ihr
Andreas Ullmann

Prokurist apano GmbH

# Inhaltsverzeichnis

# Einleitung

*„ Wir müssen lernen, uns verständlich auszudrücken, und dürfen nicht erwarten, dass unsere Kunden erst eine Banklehre machen, bevor sie zu uns kommen. "*

[Michael Mandel, Vorstand der Comdirect]

Die Stimmung der Anleger und der (Fach-)Presse, sowie die aktuellen Entwicklungen in der Rechtsprechung stellen Sie als Berater in der Anlageberatung vor ganz besondere Herausforderungen:

## Die Kunden misstrauen ihren Beratern

Wenn es um die Qualität der Beratung geht, schneiden die Bankangestellten nicht viel besser ab. 72 Prozent der Kunden geben an, bei einem Verkaufsgespräch in Gelddingen nicht immer alles verstanden zu haben. Ein Grund für das gestörte Verhältnis zwischen Kunde und Bank ist, dass sich fast jeder zweite Deutsche mit dem Thema Geldanlagen nicht auskennt und wohl Angst hat, von der Verkaufsmaschinerie der Kreditinstitute überrollt zu werden. Fast immer, so der Verdacht vieler Bürger, ist der Banker weniger an ihrem finanziellen Wohlergehen interessiert als an seiner Provision und Karriere.

Aus FOCUS Nr. 14/2009

## Umfrage: Deutsche befürchten Inflation und misstrauen ihrem Bankberater

Mehr als die Hälfte (56,7 Prozent) der Bundesbürger fürchtet sich vor einem rapiden Anstieg der Teuerungsrate. Der Grund sind die immensen Geldmengen, die Staaten und Notenbanken aufgebracht haben, um das weltweite Bankensystem zu stabilisieren, wie eine aktuelle Umfrage der Marktforscher vom GfK im Auftrag der Berliner Strategieagentur Different zeigt.

Demnach hat jeder vierte der 1.029 Befragten nach der Finanzkrise das Vertrauen in die deutschen Banken und in ihren persönlichen Bankberater verloren. Vor allem bei den Bundesbürgern im Alter zwischen 51 und 65 Jahren ist es erschüttert. 60,2 Prozent dieser Altersgruppe misstrauen den Banken. Dagegen vertrauen trotz Finanzkrise nach wie vor zwei Drittel (65,3 Prozent) der jüngeren Generation (18 bis 34 Jahre) den Geldinstituten hierzulande.

Insgesamt fühlte sich die Bevölkerung während der Turbulenzen auf den Finanzmärkten von den Banken schlecht informiert: 42,2 Prozent der Bundesbürger hätten sich während der letzten zwölf Monate von ihrer Bank mehr unabhängige Informationen gewünscht und immerhin ein Fünftel hätte sich über ein persönliches Gespräch über die Sicherheit der eigenen Finanzen (20,4 Prozent) oder über ein offenes Wort der Bankmanager in den Medien (19,5 Prozent) gefreut.

Diffferent-Geschäftsführer Alexander Kiock: „Das Misstrauen der Bevölkerung richtet sich nicht nur gegen anonyme Institutionen der Finanzmärkte, sondern ganz konkret gegen den eigenen persönlichen Berater der Hausbank." (hb)

Cash.online vom 09.11.2009

## Risikobewusstsein der Kunden ist gestiegen

Seit Beginn der Finanzmarktkrise zeigen Finanzberatungskunden deutlich mehr Interesse daran, wie die ihnen empfohlenen Produkte funktionieren. 95 Prozent der Finanz- und Versicherungsmakler berichten, dass ein Teil ihres Kundenstamms sich detaillierter informieren lässt als noch im Vorjahr. Auch das Risikobewusstsein der Kunden ist gestiegen: Sieben von zehn Maklern machen die Erfahrung, dass ihre Klienten vorsichtiger agieren als vor Krisenbeginn. Dies ergab eine Befragung unter 246 Finanz- und Versicherungsmaklern aus dem Bundesgebiet.

Aus einer Pressemitteilung von: FORMAXX AG vom 09. Juni 2009

Die Finanzkrise hat die deutschen Privatanleger vorsichtig gemacht: Bei der Geldanlage hat die Sicherheit oberste Priorität, wie eine Studie der Gesellschaft für Konsumforschung (GfK) ergab. 55 Prozent haben derzeit Geld in Spareinlagen bei den Banken geparkt. Im Herbst 2007 – dem Zeitpunkt der letzten Befragung – seien es erst 40 Prozent gewesen, teilte die GfK am Freitag (10. Juli) in Nürnberg mit. Auch Lebensversicherungen legten zu und rangieren mit 34 Prozent (plus sieben Punkte) auf Platz zwei. Aktien werden dagegen nur von sechs Prozent der Befragten gehalten; Anteile an Aktienfonds haben sieben Prozent. Zehn Prozent haben Geld in Anleihen gesteckt.

Quelle: dpa

## Schadenersatz für Lehman-Anleger

Die Hamburger Sparkasse muss einen Anleger von Lehman-Zertifikaten entschädigen. Das Hamburger Landgericht sprach einem ehemaligen Lehrer vollen Ersatz für den erlittenen Schaden zu. Dem Urteil wird wegweisende Wirkung zugemessen – doch zunächst geht die Sparkasse in Revision.

Die Haspa habe den Kläger nicht darauf hingewiesen, dass die von ihm gekauften Lehman-Anleihen nicht der deutschen Einlagensicherung unterlagen, sagte der Richter. Zudem habe sie ihm in dem Beratungsgespräch verschwiegen, selbst ein „wirtschaftliches Eigeninteresse" an dem Geschäft zu haben. So habe die Haspa damals eine größere Menge Lehman-Zertifikate gekauft, um sie gewinnbringend an Kunden weiterzuveräußern. Andernfalls hätte sie diese gegen einen Abschlag wieder an Lehman Brothers zurückgeben müssen. „Diese Interessenlage begründet in besonderer Weise eine Aufklärungspflicht", betonte der Richter.

Nach dem Hamburger Urteil äußerte sich die Landgerichtssprecherin zurückhaltend hinsichtlich einer möglichen Signalwirkung für andere Verfahren. „Maßgebend ist in jedem Prozess die jeweilige Fallkonstellation." Krupskys Anwalt Ulrich Husack betonte dagegen, er hoffe, dass nun andere geschädigte Lehman-Anleger "Mut schöpfen" und ihre Ansprüche durchsetzen.

Quelle: dpa

## Neues BGH-Urteil: Über verdeckte Provisionen muss aufgeklärt werden

„Wenn eine Bank einen Kunden über Kapitalanlagen berät und Fondsanteile empfiehlt, bei denen sie verdeckte Rückvergütungen aus den Ausgabeaufschlägen und jährlichen Verwaltungsgebühren erhält, muss sie den Kunden über die Rückvergütungen aufklären, damit der Kunde beurteilen kann, ob die Anlageempfehlung allein im Kundeninteresse nach den Kriterien anleger- und objektgerechter Beratung erfolgt ist, oder im Interesse der Bank, möglichst hohe Rückvergütungen zu erhalten".

Dies ist der Leitsatz eines neuen Urteils des Bundesgerichtshofes, das in der gesamten Finanzbranche, vor allem aber bei Banken, Vermögensverwaltern und sonstigen Finanzdienstleistungsinstituten derzeit für erhebliche Unruhe sorgt. Denn die Entscheidung der Karlsruher Richter erzwingt nicht nur die Offenlegung des eigenen Interesses bei der Vermittlung von Anlageprodukten. Es eröffnet vielmehr auch Chancen für Schadensersatzforderungen, die unter Umständen sogar hinter die regelmäßige Verjährungsfrist von drei Jahren zurückgehen können. (BGH XI ZR 56/05 vom 19.12.2006)

Quelle: www.verbraucherzentrale-bremen.de

## Bundestag beschließt Stärkung der Anlegerrechte

Banken werden künftig verpflichtet, den Inhalt jeder Anlageberatung bei Privatanlegern zu protokollieren und dem Kunden eine Ausfertigung des Protokolls auszuhändigen. Der wesentliche Ablauf des Beratungsgesprächs muss nachvollziehbar protokolliert werden. Dazu gehören insbesondere die Angaben und Wünsche des Kunden sowie die vom Berater erteilten Empfehlungen und die für diese Empfehlungen maßgeblichen Gründe. Das Protokoll bekommen die Kunden noch vor Vertragsschluss übermittelt. So können sie kontrollieren, ob die Beratung richtig wiedergegeben ist und von dem Geschäft Abstand nehmen, wenn im Protokoll Risiken dargestellt sind, die in der Beratung nicht vermittelt wurden. Wählt der Kunde Kommunikationsmittel, die eine Protokollübermittlung vor dem Geschäftsabschluss nicht erlauben – insbesondere bei der Telefonberatung -, muss das Unternehmen das Protokoll unverzüglich übersenden. Der Kunde hat dann ein gesetzlich verankertes einwöchiges Rücktrittsrecht, wenn das Protokoll unrichtig oder unvollständig ist. Die Dokumentationspflicht soll den Anlageberater zu höherer Sorgfalt veranlassen, so dass insgesamt die Qualität der Beratung erhöht wird. In einem Prozess wegen schlechter Beratung kann sich der Kunde zudem auf das Beratungsprotokoll berufen. Geht aus dem Protokoll ein Beratungsfehler hervor, hat der Anleger das erforderliche Beweismittel in den Händen. Ist das Protokoll lückenhaft oder in sich unschlüssig – zum Beispiel weil nach den Kundenangaben eine risikolose Anlage gewünscht war, aber tatsächlich eine hochriskante Anlage empfohlen wurde – muss die Bank beweisen, dass sie gleichwohl ordnungsgemäß beraten hat.

Die verpflichtende Beratungsdokumentation soll ab dem 1. Januar 2010 gelten, damit den Banken die benötigte Zeit für organisatorische Vorbereitungen bleibt, zum Beispiel für Mitarbeiterschulungen. Im Übrigen soll das Gesetz am Tag nach der Verkündung in Kraft treten. Wann dies der Fall ist, hängt jetzt zunächst vom Bundesrat ab: Wenn dieser Einwendungen erhebt und den Vermittlungsausschuss anruft, kann sich alles verzögern oder sogar ganz scheitern.

Pressemitteilung vom 03.07.09 Bundesministerium der Justiz

## Beratungsprotokoll: Seit Jahresbeginn müssen die Banken Beratungsgespräche protokollieren. Finanztest hat sich die Papiere angeschaut. Bisher klappt's nicht.

### Die Berater üben noch

Die Protokollpflicht gilt seit Jahresbeginn für Beratungsgespräche, in denen Wertpapiere wie Fonds, Anleihen oder Zertifikate empfohlen werden. Das wussten die Banken schon seit Juli vergangenen Jahres, doch bis sich alles eingespielt hat, dauert es wohl noch.

Dass ein Berater vergisst, das Protokoll zu unterschreiben, wie es gesetzlich vorgesehen ist, kann passieren. Auch dass er eine Rubrik im Protokoll vollkommen übersieht – kein Thema. Aber dass einige Berater erst gar keine Protokolle erstellen, das hat uns doch erstaunt.

Finanztest 4/2010

## Deutsche Bank ab 2010 mit neuer Produktkennzeichnung

Verbraucherschützer werden die Meldungen aus dem Umfeld der Deutschen Bank vermutlich als erfreulich deuten. Denn schon seit Monaten fordern Experten und Gegner der bisherigen Modelle der Kennzeichnung von Finanzprodukten bei den Banken, dass die Institute alsbald dringende Reformen vornehmen müssten. Am Schluss dieser Maßnahmen sollte mehr Transparenz und Übersichtlichkeit zugunsten der Verbraucher stehen, die den Banken ihr hart erarbeitetes Geld zur (meist freien) Verfügung stellen.

Als eines der ersten Bankenhäuser ist es nun die Deutsche Bank als Marktführer, die in dieser Woche die Einführung eines neuen Kennzeichnungssystems ankündigte. Dieses Modell soll für die Anleger nun tatsächlich ab dem Beginn des neuen Jahres deutlich bessere Antworten zu Fragen nach Risiken und Möglichkeiten beim Investieren bieten können. So jedenfalls besagen es die Meldungen aus der Pressestelle der Frankfurter Filiale der Deutschen Bank. Informieren sollen die neuen Kennzeichnungen über alle Eigenschaften, die als Merkmale der vielen verschiedenen Finanzprodukte der Deutschen Bank wichtige Auskünfte für investitionsfreudige Kunden erteilen.

Arbeitsgemeinschaft Finanzen 18.12.09

## Kundensprache sprechen

Wer seine Kunden verstehen will, muss deren Sprache sprechen. Kundenkommunikation ist das A und O im Vertrieb. Um erfolgreich kommunizieren zu können, müssen wir die Kommunikationsebene der Kunden treffen. Wer auf einer emotionalen Ebene argumentiert, der Kunde aber sachliche Kaufgründe hören will, wird dauerhaft keinen Erfolg haben. Die vergangenen Monate haben die Kundenbedürfnisse verändert. Schwere Zeiten, von Unsicherheit geprägte Epochen, schüren das Misstrauen der Verbraucher. Kaufentscheidungen werden kritischer beleuchtet, Argumente intensiver geprüft und Sachlichkeit der Emotion vorgezogen. Der Kunde möchte Sicherheit spüren, sucht den persönlichen Kontakt und will überzeugt, nicht überredet werden. Nachhaltigkeit wird vom Kunden eingefordert und das betrifft nicht nur die Produkte. Der Beratungs- und Verkaufsprozess muss ebenfalls nachhaltig sein, wenn die Kunden langfristig zufrieden sein sollen. All das ist für Sie vielleicht nichts Neues, aber es gibt Branchen, die nach wie vor nichts aus der Vergangenheit gelernt haben. Und das kann sich bitter rächen. Die Kunden sind nicht nur sensibler, sie sind auch beratungskritischer geworden. Deshalb gilt auch für Vertriebs- und Verkaufsprofis: Wer nicht mit der Zeit geht, geht mir der Zeit. Kundenwünsche ändern sich, Bedürfnisse wechseln wie die Börsenkurse. Flexibilität im Verkauf ist ebenso wichtig wie Empathie. Den Kunden ganzheitlich verstehen, ihn vertrauensvoll beraten und sich nicht alleine von den Vertriebsvorgaben treiben lassen, heißen die Gebote der Stunde. Geduld und die Kunst der Kommunikation auf der Ebene der Kunden sind Trumpf. Gute Vertriebsprofis verstehen ihr Handwerk und dazu gehört es, den Kunden bei seinen Bedürfnissen abzuholen. Viel Erfolg dabei.

Salesbusiness 03/2010

Diese Artikel dokumentieren anschaulich, dass sich die Anforderungen an eine Anlageberatung erheblich verändern. Es wird künftig notwendig sein

1.  mehr Zeit für die Analyse der Kundensituation zu investieren

2.  die Beratung ausführlicher zu dokumentieren

3.  die Risiken deutlicher heraus zu stellen

4.  die Kosten transparenter zu machen

Damit der Kunde dennoch sein Geld bei Ihnen anlegt, ist der Beratungsansatz „verständlich verkaufen" das Erfolgsgeheimnis der Zukunft.

# 1.    Wie Sie den größten Nutzen aus diesem Buch ziehen

Basis für eine kundenorientierte Beratung ist selbstverständlich eine hohe Fachkompetenz und ein guter Einblick in wirtschaftliche Zusammenhänge. Genau so entscheidend ist dann jedoch, dass diese Informationen anlegergerecht vermittelt werden. Der Kunde soll in die Lage versetzt werden, die Tragweite seiner Entscheidungen einschätzen zu können. Die Kundenberatung muss also anlage- und anlegergerecht sein. Somit sind **Transparenz**, **Nachvollziehbarkeit** und **Verständlichkeit** die **Schlüsselfaktoren**.

Dieses Buch liefert Ihnen viele Ideen und Anregungen für Ihre Beratungsgespräche. Sie erhalten praxiserprobte Ideen, wie es Ihnen hervorragend gelingen kann, in einem schwierigen Umfeld Geschäftsmöglichkeiten zu entdecken und zu nutzen. Sie erhalten Tipps, wie Sie Ihre Beratungsgespräche noch effektiver führen können.

Bei den *kursiv* geschriebenen Beispielformulierungen geht es immer darum, den dahinter stehenden **Sinn** zu **kapieren, statt** einfach die **Formulierung** zu **kopieren**. Denn neben einer nachvollziehbaren Struktur und guten Beispielen bei einer Präsentation ist die Persönlichkeit des Beraters ein wichtiger Erfolgsfaktor in der Kundenberatung.

Dieses Buch ist ein Arbeitsbuch mit zahlreichen Aufgaben. Laut Erkenntnissen der Hirnforschung bleiben bei „normalem" Lesen nur zehn Prozent des Inhalts eines Buches in unserem Gedächtnis. Wenn Sie den größtmöglichen Erfolg aus Ihrer Investition in dieses Buch erreichen wollen, dann nehmen Sie einen Textmarker zur Hand und bearbeiten parallel immer die Aufgaben zu den beschriebenen Sachverhalten.

Sie wollen, dass sich die Investition in dieses Buch wirklich bezahlt macht? Dann habe ich eine Aufgabe für Sie.

## Aufgabe:

1. Nehmen Sie Zettel und Stift in die Hand und unterschreiben Sie fünfmal.

2. Nehmen Sie jetzt den Stift in die andere Hand und unterschreiben wieder fünfmal.

3. Notieren Sie bitte, welche Reaktionen diese Aufgabe bei Ihnen ausgelöst hat.

Bevor Sie weiter lesen, machen Sie bitte erst die Aufgabe!

Falls Sie darüber nachdenken, die Aufgabe nicht zu lösen, noch ein Hinweis:

„Wie oft haben Sie sich in Ihrem Leben schon gedacht, dass Sie viel weiter wären, wenn Sie gute Anregungen gleich umgesetzt hätten?" Deshalb nutzen Sie von Anfang die Chancen dieses Buches.

Lösen Sie bitte erst diese Aufgabe und lesen dann weiter.

# Umgang mit Widerständen bei Neuerungen

Waren Ihre Reaktionen eher

- Geht nicht! Was soll das jetzt? So ein Quatsch! Das geht schwer! Mist! Schnickschnack! Das Altbewährte ging doch viel besser!

oder eher

- Öfter mal was Neues ☺! Ich habe Spaß an der Veränderung. Wenn ich die fünfte Unterschrift anschaue, dann ist die ja schon viel besser als die erste Unterschrift

Jede Veränderung ist mit Widerständen verbunden. Überlegen Sie für sich, welche Reaktionen auf Neuerungen bei einem sich ständig ändernden Umfeld für Sie zielführender sind.

Wovon ist die Intensität des Widerstandes bei Neuerungen abhängig?

1. Sehe ich einen Sinn darin?
2. Wie lange habe ich es schon anders gemacht?
3. Wie gehe ich mit Veränderungen um?
4. Wann war meine letzte Veränderung?
5. Welche Verunsicherung/welche Angst löst eine Neuerung aus?


Was reduziert den Widerstand bei Neuerungen?

1. Ich weiß, warum ich es machen soll.
2. Ich weiß, wie ich es machen soll.
3. Ich kenne die Vorteile bei dieser Veränderung.
4. Ich habe etwas davon.
5. Ich bin grundsätzlich offen für Neues.

Vielleicht fragen Sie sich jetzt, was das Ganze mit dem Verkaufen von Hedgefonds, Beteiligungen und Zertifikaten zu tun hat. Wichtig ist, dass Sie genau die Gedanken und Gefühle spüren, die Sie bei der Aufgabe mit den Unterschriften hatten, denn mit diesem Gefühl sind Sie bei jeder Veränderung konfrontiert.

Weiterhin gibt es noch das so genannte „Klick-Klack-Syndrom". Immer wenn Sie in diesem Buch etwas lesen, das mit Ihren eigenen Erfahrungen und Vorstellungen übereinstimmt, dann macht es „Klick". Wenn es nicht übereinstimmt, dann macht es „Klack". Dies ist eine wichtige Erkenntnis, denn wenn Sie alles so machen wie bisher, werden Sie auch so erfolgreich bleiben wie bisher. Der Schlüssel zum Erfolg liegt darin, über die Dinge, bei denen es „Klack" macht, nachzudenken, um Veränderungen vorzunehmen.

Viel Erfolg bei der Umsetzung und viele „Klacks" wünscht Ihnen von ganzem Herzen

Ihr
Ralf Meyer

# 2. Krisenzeiten als Chance für Kundenansprache

*„Die Chinesen verwenden zwei Pinselstriche, um das Wort ‚Krise' zu schreiben.*
*Ein Pinselstrich steht für Gefahr; der andere für Gelegenheit.*
*In einer Krise hüte dich vor der Gefahr – aber erkenne die Gelegenheit!"*

[Richard Nixon]

Das Gute an Krisenzeiten ist, dass (fast) jeder betroffen ist. Es gilt, die Zeit zu nutzen, um sich Wettbewerbsvorteile zu erarbeiten. Damit Sie ganz vorn dabei sein können, wenn die Nachfrage wieder anzieht. Es geht darum, die richtigen Konsequenzen aus der aktuellen Situation zu ziehen. Die langjährigen Pfade sind dabei selten das Erfolgsmodell der Zukunft.

Die Chancen liegen darin, die eigenen Kunden durch gezielte Ansprache stärker an sich zu binden und die Unzufriedenheit der Kunden „am Markt" zu nutzen. Hier geben Umfragen des PFI Private Finance Instituts eindeutige Erkenntnisse: Auf Kundenseite wird die Wechselbereitschaft aufgrund schlechter Performance oder Unzufriedenheit mit der Beratung zu nehmen. Dies bestätigt auch die aktuelle Studie „Kundenmonitor Banken 2008". Danach haben Kunden, die von ihrer Bank zur Finanzkrise offen und aktiv informiert wurden, ein weit höheres Vertrauen in ihr Bankhaus, als solche, die nicht informiert wurden. Weiterhin geht es wechselwilligen Bankkunden nicht vorrangig um gute Preise und Konditionen, sondern vielmehr um bessere Beratungs- und Serviceleistungen.

Wer in der heutigen Zeit sein Konzept und sein Angebot verständlich präsentiert, wird einen erheblichen Wettbewerbsvorteil erzielen, denn der grundsätzliche Bedarf der Kunden, sich mit Finanzen beschäftigen zu müssen, bleibt. Das Privatvermögen in Deutschland beträgt über 7.900 Milliarden Euro; davon alleine 4.200 Milliarden Euro Geldvermögen. Sie benötigen auch in Zukunft Angebote zur Bedürfnisbefriedigung.

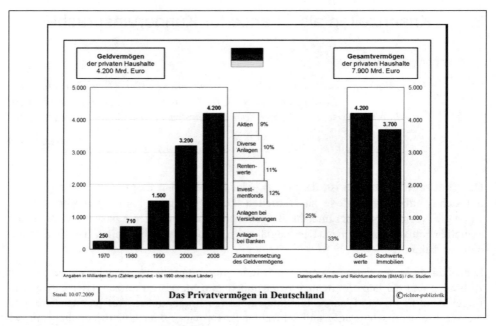

*Quelle: (www.bvr.de / Presse / Bilder)*
**Abbildung 1:**   *Privatvermögen in Deutschland*


## 2.1    Kursverluste zur Kundenbindung nutzen


> *„Probleme kann man niemals mit derselben Denkweise lösen,*
> *durch die sie entstanden sind"*
>
> [Albert Einstein]


Ein Gespräch in Krisenzeiten stellt eine schwierige Gesprächssituation dar und ein
„normales" Beratungsgespräch kann in dieser Situation schnell zu einem Beschwerdege-
spräch werden. Beschwerden und Reklamationen sind unbeliebt, aber extrem wichtig.
Der Umgang mit ihnen entscheidet oft auch über das Schicksal der weiteren Zusammenarbeit. Kunden streben nach Gewinn und nicht nach Verlust. Deshalb sind Kursverluste
bei Geldanlagen immer ein sensibles Thema, bei dem die Berater gefordert sind. Denn
Verluste sind keineswegs nur eine materiell ärgerliche Angelegenheit. In erster Linie sind
sie ein emotionales Problem. Deshalb liegt die Kunst darin, den Kunden mit seinen Gefühlen nicht im Regen stehen zu lassen

Bei emotionalen Problemen helfen selten logische Argumentationen. Natürlich müssen Sie die Hintergründe für die Entwicklung der vom Kunden genannten Probleme kennen. Noch wichtiger ist es jedoch, sich der psychologischen Zusammenhänge bewusst zu werden. Außerdem reagieren Kunden auch ganz unterschiedlich auf Verluste. Packen Sie den Stier bei den Hörnern, gehen Sie in die Offensive und verschaffen Sie sich Transparenz, indem Sie klären, wo Ihr Kunde „steht".

Berater:    *„Herr Kunde, Sie sind ja schon mehrere Jahre Kunde bei uns. Mein Ziel in der Anlageberatung ist es, mehr aus Ihrem Vermögen zu machen. Dies hat im letzten Jahr leider nicht geklappt. (Entwicklung der Geldanlagen kurz besprechen) Wie geht es Ihnen damit?"*

Auf eine so offene Frage sind verschiedene Reaktionen möglich. Die Grundtendenz:

Kunde A:   *„Das ist halt so. Sie können ja auch nichts für die Krise."*

Die Quote der Kunden, die entsprechend reagiert, ist ein Indiz für Ihre Beratung in der Vergangenheit.

Kunde B:   *„Natürlich nicht gut – ich bin sehr enttäuscht."*

Hier wird oft zu wenig darauf eingegangen. Das Thema soll schnell vom Tisch, deshalb wird hier nicht weiter nachgefragt. Entscheidend ist jedoch, dass sich der Kunde hier in seiner Situation und seinem Anliegen ernstgenommen fühlt. Zeigen Sie Empathie und Einfühlungsvermögen.

Berater:   *„Ich kann nachvollziehen, dass Sie enttäuscht sind."*

Berater:   *„Es ist verständlich, wenn Sie verärgert sind."*

Solche Formulierungen sind noch lange kein Schuldeingeständnis.

Manchmal bewirken diese Aussagen, dass der Kunde noch stärker und heftiger reagiert. Was auf den ersten Blick schlecht erscheint, ist ganz wichtig. Wenn wir uns geärgert haben, stellt sich nicht die Frage „ob" wir darüber reden, sondern nur „mit wem". Es ist doch besser, wenn der Kunde mit Ihnen über seine Verärgerung spricht. Erst wenn der Kunde die Möglichkeit hatte, seinem „Ärger Luft zu machen", ist er bereit, wieder sachlich zuzuhören.

Warum wurden denn in der Vergangenheit bestimmte Anlagen gewählt? Sie haben die Anlagen entsprechend seiner Anlageziele gewählt und viele Kunden möchten, dass das Geld hart für ihn arbeitet und eine ordentliche Rendite bringt.

*Berater:*   *„Herr Kunde, Ihnen war es wichtig, Rendite zu erzielen. Deshalb haben wir*
             *solche Anlagen gewählt, die auch Schwankungen unterliegen können. Das*
             *Depot war auf Ihre Anlagementalität abgestellt. Wenn wir die Marktentwick-*
             *lung gekannt hätten, hätten wir es anders gemacht! Haben Sie denn mit so ei-*
             *nem starken Einbruch gerechnet?"*

Sie erreichen damit Folgendes:

1. Sie erinnern den Kunden an seine Anlageziele.

2. Sie dokumentieren, dass die Anlagen nach damaliger Kundenerwartung richtig gewählt wurden.

3. Sie sagen etwas Selbstverständliches *„Wenn wir die Marktentwicklung gekannt hät-*
   *ten, hätten wir es anders gemacht."* (oder hätten Sie den Kunden dann nicht empfohlen auszusteigen?)

4. Sie nehmen den Kunden in die Mitverantwortung.

Bitte beachten Sie:

1. Vermeiden Sie bei Ihrer Formulierung, mit der Sie den Kunden in die Mitverantwortung nehmen, dass Sie daraus eine Schuldzuweisung machen.

2. Gerade bei dieser Formulierung gilt ganz besonders „Der Ton macht die Musik".

3. Wenn Sie den Kunden entsprechend seiner Anlageziele beraten haben, dann haben
   Sie Ihren Job richtig gemacht!

4. Ein Kunde, der im Vorfeld mit dieser Entwicklung gerechnet hat, hat seine Anlagen
   verändert.

5. SIE SIND NICHT FÜR FINANZKRISEN VERANTWORTLICH!

*Kunde:*    *„Es gab Anzeichen, aber die ganz Presse ist ja von weiter steigenden Kursen*
            *ausgegangen."*

Entscheidungen für Geldanlagen, die im Minus sind, waren im nachhinein betrachtet
falsch.

*Berater:*  *„Was passiert oft, wenn man eine falsche Entscheidung getroffen hat? Die*
            *meisten treffen dann ungern weitere Entscheidungen, denn es könnte ja wieder*
            *die Falsche sein! Wie sehen Sie das?"*

Diese Frage dient dazu, den Kunden für weiterführende Gedanken zu öffnen, denn wir
sind darauf programmiert Fehler zu vermeiden. Bereits in der Schule werden in allen
Diktaten die Sachen angestrichen, die „falsch" sind. Selbst wenn wir (rational) Fehler als
Lernchance ansehen, haben wir (emotional) Angst vor negativen Konsequenzen.

*Kunde:*    *„Ja, das ist so!"*

Ein Kunde durchlebt bei starken Kursverlusten verschiedene Phasen. Diese können grob in vier unterschiedliche emotionale Stadien aufgeteilt werden:

1. Überraschung – Wie kann sowas passieren?

2. Festhalten – Alles so lassen! Ohne darüber nachzudenken!

3. Loslassen – Über die Situation nachdenken, ohne etwas zu tun.

4. Handeln – Was ist möglich?

Jetzt geht es darum, die Gedanken des Kunden auf die Gegenwart und die Zukunft zu lenken. Es soll von der Phase Überraschung/Festhalten in die Phasen Loslassen/Handeln geführt werden.

Berater: *„Herr Kunde, wie wichtig ist es denn für Sie, Ihre bestehenden Geldanlagen anhand der aktuellen Situation zu überprüfen?"*

Nachdem die Finanzmarktkrise allen Kunden bereits bewusst geworden ist, sind viele schon für die Phasen Loslassen/Handeln bereit. Dies erkennen Sie an den meist zielführenden Reaktionen.

Kunde: *„Wichtig!"*

Was verbirgt sich hinter der aktuellen Situation? Zum einen natürlich die geänderten Anlagemärkte zum anderen aber auch eventuell geänderte Einschätzungen des Kunden. Die ist zu klären.

Berater: *„Um zu prüfen, ob Ihre Geldanlagen noch zu Ihnen und der geänderten Situation passen, habe ich noch einige Fragen zu*

 *1. Ihren Anlagezielen*

 *2. Ihrer Anlagementalität*

 *3. Ihren gesamten finanziellen Verhältnissen*

 *4. Ihren Erfahrungen und Kenntnisse*

 *5. Ihre Markteinschätzungen*

 *Herr Kunde, können wir offen über diese Punkte reden?"*

Wie Sie diese Punkte gezielt mit dem Kunden besprechen, erfahren Sie im Kapitel 5.

Wenn Sie die Markteinschätzungen mit dem Kunden besprechen (Kapitel 5.6), sollten Sie ihn noch auf das Thema „antizyklisches Verhalten" aufmerksam machen. Benutzen Sie hier Aussagen von bekannten Persönlichkeiten und Bilder.

Berater: *„Warren Buffet, einer der reichsten Männer der Welt, hat zur aktuellen Lage gesagt: „Sei ängstlich, wenn andere gierig sind. Sei gierig, wenn andere ängstlich sind."*

Durch dieses Zitat wird das „antizyklische Verhalten" bei den Geldanlagen verdeutlicht und jetzt geht es noch darum zu klären, ob der Kunde dieses Verhalten auch richtig findet.

*Berater:*   *„Wann sollte man Ihrer Meinung nach etwas kaufen? Wenn es einen hohen oder niedrigen Preis hat?"*

Sprechen Sie bitte hier bewusst allgemein von hohen oder niedrigen Preisen. Wenn Sie hier von Aktienkursen sprechen, haben Sie vielleicht gleich wieder die Diskussion um Aktien. Hier geht es darum, eine normale Verhaltensweise zu klären, die grundsätzlich heißt „Kaufe bei niedrigen Preisen!"

*Kunde:*   *„Ganz klar: bei niedrigen Preisen"*

Jetzt geht es darum zu klären, wann an der Börse die Preise niedrig sind. Leider weiß das keiner, aber es gibt Erfahrungswerte im Zusammenspiel zwischen Wirtschaft und Börse.

*Berater:*   *„Dieses Schaubild zeigt sehr schön, dass die Börse der realen Wirtschaft etwa sechs 6 Monate voraus läuft. Wo glauben Sie, stehen wir aktuell?*

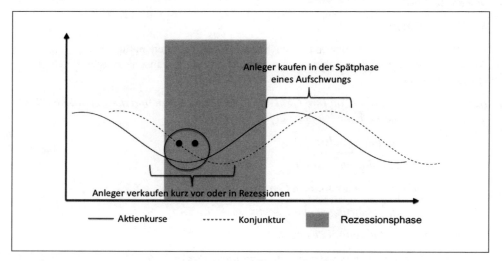

**Abbildung 2:**   *Erwartungen machen Börsenkurse – nicht die aktuelle Börsenkurse*

Manchmal sind Kunden nicht bereit, eine Einschätzung abzugeben. Diese reagieren dann oft mit der Aussage:

*Kunde:*   *„Das müssen Sie doch wissen."*

Dies ist emotional gut nachvollziehbar, denn wer gibt gegenüber einem Experten (damit sind Sie als Berater gemeint) schon gern eine Einschätzung ab? Lassen Sie sich hier nicht verunsichern. Würde der Kunde am Stammtisch gefragt, dann hätte er mit Sicherheit eine Meinung.

*Berater:* *„Expertenmeinungen gibt es viele, aber mich interessiert Ihre persönliche Einschätzung. "*

Die meisten Kunden sind jetzt bereit, eine Einschätzung abzugeben. Meist wird in Krisenzeiten vom Kunden aufgezeigt, dass wir uns in einem Abschwung, in der Rezession oder wieder am Anfang des Aufschwungs befinden. Zeigen Sie hier dem Kunden, dass in dieser Grafik ein Kaufsignal „versteckt" ist.

Falls der Kunde wirklich gar keine Ahnung von wirtschaftlichen Zusammenhängen hat, sind Sie dann tatsächlich der Meinung, dass Hedgefonds, Beteiligungen und ein Großteil der Zertifikate geeignete Anlageformen für den Kunden sind?

*Berater:* *„Wer in dieser Phase kauft, hatte in der Vergangenheit immer gut lachen und ich zeige Ihnen auch gerne warum. "*

Nun geht es darum dem Kunden aufzuzeigen, welche Entwicklung es an den Aktienmärkten noch Krisen gab.

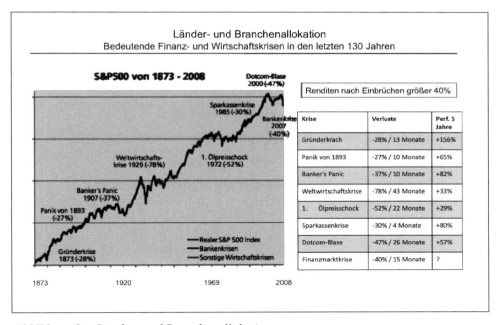

**Abbildung 3:** *Länder- und Branchenallokation*

*Berater:* *„Dieses Schaubild zeigt ganz deutlich, dass es in der Vergangenheit sinnvoll war nach Krisen zu investieren. "*

Selbstverständlich soll dieses Schaubild ausführlich mit dem Kunden besprochen werden.

Jetzt haben Sie die idealen Voraussetzungen geschafften, um Ihr Angebot zu präsentieren.

Bei Gesprächen, in denen es um Kursverluste geht, sollten Sie folgende Tipps beachten:

- Tipp 1: Gehen Sie entspannt in das Gespräch.

- Tipp 2: Bringen Sie dem Kunden Verständnis entgegen.

- Tipp 3: Lassen Sie den Kunden seinen Unmut äußern und hören Sie aktiv zu.

- Tipp 4: Zeigen Sie Interesse und gegebenenfalls Betroffenheit.

- Tipp 5: Schaffen Sie Vertrauen, indem Sie Notizen machen.

## Aufgabe:

Bitte erstellen Sie einen Gesprächsleitfaden unter Einbezug Ihrer bisherigen Beratungspraxis, der folgende Punkte beinhaltet:

1. Was ist Ihr Gesprächsziel?

2. Wie steigen Sie in das Gespräch ein?

3. Welche Kundenreaktionen erwarten Sie und wie reagieren Sie darauf?

4. Wie nehmen Sie den Kunden in die Mitverantwortung?

5. Wie klären Sie die Bereitschaft, die aktuellen Anlagen zu prüfen?

6. Wie machen Sie dem Kunden „antizyklisches Verhalten" bewusst?

7. Wie zeigen Sie dem Kunden auf, warum er gerade jetzt investieren soll?

# 2.2 Vorteile von Hedgefonds, Beteiligungen und Zertifikaten in Krisenzeiten

*„Erfolg besteht darin,*
*dass man genau die Fähigkeiten hat,*
*die im Moment gefragt sind."*

[Henry Ford]

Hedgefonds, Beteiligungen und Zertifikate sind in ihrer Vielfalt und den sich dadurch bietenden Möglichkeiten nahezu unbegrenzt. Sie werden in den Medien kritisch dargestellt, sind aber in Zeiten niedriger Zinsen und unsicherer (Aktien-)Märkte eine für Anleger interessante Anlagealternative. Sie bieten die Möglichkeit, sich unabhängig von klassischen Zins- und Aktienmärkten zu entwickeln und einen absoluten Ertrag zu erzielen. Damit eignen sie sich hervorragend zur Risikostreuung und Depotstabilisierung.

## 2.2.1 Vorteile von Hedgefonds

Hedgefonds sind Anlageinstrumente, die auf eine marktunabhängige Renditeentwicklung abzielen. Die Möglichkeiten hierfür sind nahezu unbegrenzt, so dass Hedgefonds eine sehr heterogene Gruppe darstellen. Derzeit sind über 8.000 Fonds weltweit dieser Gruppe zuzuordnen. Das Risikoprofil eines Hedgefonds kann von „sehr konservativ" (analog Geldmarktfonds) bis hin zu „hochspekulativ" (analog Optionen) reichen.

Wie der Begriff „Hedge" (Absicherung) ausdrückt, besteht eine der wenigen Gemeinsamkeiten aller Fonds darin, dass sie das unkontrollierbare Marktrisiko herausnehmen bzw. reduzieren. Sie „steuern" durch den Einsatz verschiedener Finanzinstrumente (z.B. Derivate) bewusst das Marktrisiko und können so mehr oder weniger von der Marktbewegung profitieren. Das Ziel der Fonds ist eine möglichst absolute Rendite, die typischerweise unabhängig von der Bewegung klassischer Märkte gemessen wird (keine Benchmark).

Hedgefonds zu vergleichen ist schwierig, da sie eine Vielzahl verschiedener Strategien nutzen können. Dennoch gibt es grundlegende Stilrichtungen, in die sich die Strategien einteilen lassen. Der Autor orientiert sich hier an der Einteilung der Strategien nach Markus Sievers.

**Marktneutrale Strategie (Relative Value)**

Zu den wichtigsten Stilrichtungen zählt die marktneutrale „Relative Value" Strategie. Hier steht die vorherrschende Markttendenz im Hintergrund. Sie wird durch den gleichzeitigen Kauf- und Verkauf ähnlicher Wertpapiere „neutralisiert". Übrig bleibt nur die relative Veränderung zweier Wertpapiere zueinander (z. B.: Wer läuft besser? BMW oder VW). Insbesondere bei Aktien, Renten und Wandelanleihen wird diese Strategie angewandt.

**Ereignisorientierte Strategie (Event Driven)**

Diese ebenfalls populäre Strategie nutzt Wertveränderungen bei bestimmten Ereignissen (z. B. Firmenübernahmen oder Restrukturierungen). Auch hier wird die Bewegung des Marktes durch den Einsatz von Leerverkäufen oder Derivaten neutralisiert und nur von der relativen Bewegung zweier Wertpapiere zueinander (z. B. bei Firmenübernahmen die Papiere des Käufers zu denen des Übernahmekandidaten) oder bei Restrukturierungen von der Erholung (Turnaround) verbundener Wertpapiere (Wandelanleihen, Unternehmensanleihen oder Optionen) profitiert.

**Gelegenheitsorientierte Strategie (Opportunistic)**

Diese Strategie vollzieht Bewegungen an den Finanzmärkten am stärksten nach. Bei ihr werden volkswirtschaftliche Ungleichgewichte ausgenutzt, wie z. B. die Verschiebung von Wirtschaftskräften zwischen zwei Ländern (über Währungen und Zinsen) oder Ressourcenverknappung durch globale Nachfrage (Rohstoffe, Energie usw.).

**Managed Futures (gemanagte Terminkontrakte)**

Managed Futures nehmen eine Sonderstellung bei den Hedgefonds-Strategien ein, die in ihrer Historie begründet liegt. Sie nutzen vorrangig Preistrends an den globalen Terminmärkten aus. Meist mit Hilfe von Computerprogrammen werden Trendmuster erkannt und automatisch sowohl Käufe als auch Verkäufe an über 140 Märkten (Rohstoffe, Währungen, Aktien, Anleihen usw.) ausgeführt. Da diese Systeme auch Abwärtstrends aktiv nutzen, stellen sie häufig in Krisenzeiten eine gute „Versicherung" für das Gesamtdepot dar.

Hedgefonds haben durch diese Strategien und durch die Technik des Leerverkaufs die Möglichkeit auch bei fallenden Kursen Gewinne zu erzielen.

## 2.2.2   Vorteile von Zertifikaten

Mit einem Zertifikat erwirbt der Käufer eine Schuldverschreibung des Emittenten. Es wird die Wertentwicklung bestimmter Wertpapiere oder Finanzprodukte (wie Indizes) abgebildet. Die Anlagemöglichkeiten sind nahezu unbegrenzt. Zertifikate bieten die Möglichkeit auf interessante Renditen bei steigenden, fallenden und sich seitwärts bewegenden Märkten.

## Lösungen bei steigenden Märkten

**Index-Zertifikate**

Index-Zertifikate bieten eine komfortable und kostengünstige Möglichkeit mit einer einzigen Depotposition einen ganzen Markt abbilden zu können. Diese Art von Zertifikaten bezieht sich (meist) auf Börsenindizes wie den DAX oder den Dow Jones. Dadurch ist ihre Wertentwicklung an alle in dem jeweiligen Index enthaltenen Aktien gebunden. Die Wertentwicklung eines Index-Zertifikats ist allgemein verständlich, da der Kurs des Zertifikats immer den gerade gültigen Gegenwert des Indexstands widerspiegelt.

**Outperformance-Zertifikate**

Mit einem Outperformance-Zertifikat kann der Anleger am Kursanstieg eines Basiswertes überproportional teilhaben und somit seine Renditechancen gegenüber dem direkten Investment in den Basiswert erhöhen. Wenn sich also der Kurs des Basiswertes um 1 Euro erhöht, bekommt der Anleger das x-Fache des Kursanstieges am Ende der Laufzeit ausgezahlt.

Gerade in Krisenzeiten sind positive Renditen bei fallenden oder gleich bleibenden Märkten interessant. Hier gibt es folgende Strategien:

## Lösungen bei Seitwärtsmärkten

**Discount-Zertifikate**

Discount-Zertifikate ermöglichen Ihnen, auch bei stagnierenden Märkten eine attraktive Rendite zu erzielen. Mit dem Kauf eines Discount-Zertifikats erwerben Sie vom Emittenten das Recht, einen dem Papier zugrunde liegenden Basiswert – in der Regel eine Aktie oder einen Index – günstiger zu beziehen als über die Börse. Sie erhalten somit einen Abschlag, einen Discount, auf den Börsenkurs. Der Emittent liefert den Basiswert bzw. den entsprechenden Wert jedoch nicht sofort, sondern erst am Ende der Laufzeit

**Bonus-Zertifikat**

Das Zertifikat gewährt Ihnen am Ende der Laufzeit die Zahlung des Basispreises plus eines vorher festgelegten Bonusbetrages. Voraussetzung hierfür ist, dass der entsprechende Aktien- oder Indexkurs den PROTECT-Level während der Laufzeit nicht berührt oder unterschreitet. Gleichzeitig sind Sie bis zum PROTECT-Level vor Verlusten geschützt. Der PROTECT-Level ist eine bei Emission festgelegte Schwelle weit unterhalb des aktuellen Basiswertkurses. Kommt es zu einem stärkeren Kursanstieg und schließt der Basiswert oberhalb des Bonuslevels, profitieren Sie in vollem Maß von Kurszuwächsen.

**Express-Zertifikate**

Express-Zertifikate bieten auch dann hohe Renditen, wenn sich die Märkte nur seitwärts bewegen. Bei Express-Zertifikaten besteht die Chance auf eine vorzeitige Rückzahlung des investierten Kapitals zuzüglich eines attraktiven Zusatzbetrages, sofern der Basiswert, z. B. ein Index oder eine Aktie, an einem der Bewertungstage sein Ausgangsniveau nicht unterschritten hat.

## Lösungen bei fallenden Märkten

**Deep Discount-Zertifikate**

Deep Discount-Zertifikate bieten Ihnen die Chance, in einen Basiswert (Index oder Aktie) zum aktuellen Kursniveau abzüglich eines Discounts (Preisabschlag) zu investieren und an der Wertentwicklung des Basiswertes bis zur Höhe eines festgelegten Höchstbetrages (Cap) teilzunehmen. Durch ihren hohen Discount bieten Deep Discount-Zertifikate einen großen Risikopuffer für das eingesetzte Kapital: Kursverluste des Basiswertes werden bis zur Höhe dieses Discounts aufgefangen.

**Reverse-Zertifikat**

Reverse-Zertifikate bieten dem Anleger die Möglichkeit, auch von fallenden Kursen zu profitieren. Der Anleger kann somit bei einer negativen Kursentwicklung des zugrunde liegenden Basiswertes Gewinn erwirtschaften.

Durch diese Strategien kann der Kunde sein Depot optimal nach seinen Markteinschätzungen strukturieren.

Da Markteinschätzungen auch falsch sein können, sind selbstverständlich auch die vielen Garantievarianten interessante Anlagealternativen. Mit Garantie-Zertifikaten hat der Kunde Anlagechancen ohne Kursrisiko, denn der Anleger erhält am Ende der Laufzeit des Zertifikats mindestens den ursprünglichen Kapitaleinsatz bei Auflage zurück. Jedoch sind die Rendite-Chancen aufgrund der ausgeschlossenen Risiken im Vergleich zu anderen Zertifikate-Typen begrenzt.

Mit Garantie-Zertifikaten wird in einen Basiswert wie Aktien oder Aktienindizes investiert. Anleger sind dabei aber zum Laufzeitende gegen Kursverluste abgesichert. Für diese Absicherung verzichten sie auf einen Teil der möglichen Erträge. Von Kursanstiegen des Basiswerts profitieren sie nicht in vollem Umfang.

## 2.2.3 Vorteile von Beteiligungen

Beteiligungen bringen höhere Erträge bei sinkendem Risiko. Wenn Aktienkurse und Zinskurven gleichzeitig in den Keller rauschen, sind alternative Anlagen zur Risikostreuung und Depotstabilisierung wichtiger denn je. Selbst wer in solchen Zeiten lieber auf Cash setzt, dem macht schon allein die Inflation einen Strich durch die Rechnung. Investitionen in Sachwerte sind daher als ideale Portfolio-Ergänzung das Gebot der Stunde – dies ist sogar wissenschaftlich bestätigt. Schon der Erfinder der modernen Portfolio-Theorie, Harry M. Markowitz, entwickelte Überlegungen zur optimalen Depotstruktur, für die er 1990 mit dem Nobelpreis ausgezeichnet wurde. „Er hat herausgefunden, dass durch die Beimischung von riskanteren Anlageklassen des Gesamtrisiko eines Depots paradoxerweise sogar geringer sein kann als bei der sichersten Einzelinvestition allein" erklärt Professor Franz-Joseph Busse von der Fachhochschule München. „Und das bei gleichzeitig steigender Renditeerwartung". Voraussetzung für solche Portfolio-Effekte ist jedoch, dass die Märkte der gewählten Investments möglichst unabhängig voneinander verlaufen. Und hier hat Finanzexperte Busse einen Volltreffer gelandet, indem er in seine Untersuchungen auch die Daten verschiedener Beteiligungsmärkte mit einbezog. Dazu konnte er auf Performance-Analysen aus mehr als 15 Jahren zurückgreifen. So manches Auf und Ab der Branche ist da bereits enthalten.

**Eindeutige Aussagen.** Ergebnis der umfangreichen Studien: „Fonds mit ihren Sachwerten wie Immobilien oder Schiffen korrelieren in der Regel wenig mit Aktien und Anleihen – sogar untereinander zeigen die verschiedenen Fondstypen bisher weitgehend unterschiedliche Entwicklungen", fasst Busse zusammen. „Für die erwünschte Portfolio-Optimierung ist die Beimischung Geschlossener Fonds daher unverzichtbar. Durch das richtige Mischungsverhältnis lassen sich höhere Erträge bei sinkenden Risiko erreichen."

Quelle: Focus MONEY Special 2009

## Beteiligungen bieten Schutz gegen mögliche Inflation

„Es ist die Inflation, Dummkopf" lautet die Überschrift des Gastkommentars von Alan Greenspan in der Ausgabe der Financial Times Deutschland vom 29. Juni 2009. Die Frage, ob die momentan festzustellenden Signale aus der Wirtschaft „Anfang einer anhaltenden Erholung oder trügerische Morgenröte" sind, beantwortet der ehemalige Chef der US-Notenbank Federal Reserve mit der klaren Ansage, dass er in der Zukunft die Inflation als größte Herausforderung sieht. „Was die Inflation im kommenden Jahrzehnt so wahrscheinlich macht, ist die Lawine an Staatsschulden, die kurz davor ist, über die Weltfinanzmärkte hereinzubrechen. Die Notwendigkeit, in den kommenden Jahren sehr große Haushaltsdefizite zu finanzieren, könnte die Notenbanken unter Druck setzen, Geld zu drucken, mit dem sie einen großen Teil der neu ausgegebenen Schuldtitel aufkaufen."

Der Präsident des Deutschen Institutes für Wirtschaftsforschung (DIW), Klaus Zimmermann, sagte der Welt am Sonntag, bis Ende 2010 könnte bei einer weiteren Verschärfung der Krise die Verschuldung Deutschlands von jetzt über 1,5 auf 1,8 Billionen Euro ansteigen. „Mit der Überschuldung, die auf Dauer nur durch eine Aufblähung der Geldmenge erreicht werden kann, wächst die Gefahr von Inflation und Staatsversagen." Der Wirtschaftswissenschaftler und Direktor des Hamburgischen Weltwirtschaftsinstitutes (HWWI), Thomas Straubhaar, erwartet schon in Kürze eine kräftige Geldentwertung in Deutschland. Diese werde seiner Ansicht nach bei fünf bis zehn Prozent pro Jahr für die Zeit nach 2010 liegen.

Richtig ernst wird es laut Ansicht Martin Hüfners, Publizist und Chefökonom der Aquila Invest (Zürich), dann 2011, dem Jahr, in dem die Ampeln auf 'Rot' stehen. Die Preissteigerung liege dann bei über zwei Prozent, zumindest in den Ländern, in denen die Konjunktur am ehesten erwacht. Seine klare Empfehlung lautet: „Spätestens jetzt muss jeder Investor inflationsgeschützt sein." Stellt sich noch die Frage nach dem „Wie?" Auch darauf hat Martin Hüfner eine Antwort parat: „Zeiten der Inflation sind Zeiten der Sachwerte."

Das ist geradezu ein Plädoyer für die Investition in geschlossene Fonds. Das Paradoxe: Anleger wünschen sich die Sicherheit, die ihnen diese Fonds bieten können, und investieren trotzdem falsch: 38 Prozent des Geldvermögens der Deutschen liegen in Sicht-, Termin- und Spareinlagen. Die Folge ist ein praktisch täglicher Wertverlust, da der erforderliche Inflationsausgleich nicht stattfindet. Warum nicht in Schiffe, Flugzeuge, Solarkraftwerke – oder ganz klassisch in Immobilien investieren?

Newsletter der BIT Treuhand AG vom 30.06.2009

# 3. Vertrauen als Grundlage einer erfolgreichen Kundenbeziehung

*„Vertrauen ist der Anfang von allem"*

[Deutsche Bank]

*„Vertrauen ist das Gefühl, einem Menschen sogar dann glauben zu können, wenn man weiß, dass man an seiner Stelle lügen würde."*

[Henry Louis Mencken]

Im Buch Komplexitätsfitness definiert Hans Rudolf Jost den Begriff Vertrauen:

> „Unter Vertrauen wird die Annahme verstanden, dass Entwicklungen einen positiven oder erwarteten Verlauf nehmen. Ein wichtiges Merkmal ist dabei das Vorhandensein einer Handlungsalternative. Dies unterscheidet Vertrauen von Hoffnung. Vertrauen beschreibt auch die Erwartung an Bezugspersonen oder Organisationen, dass deren künftige Handlungen sich im Rahmen von gemeinsamen Werten oder moralischen Verstellungen bewegen werden. Vertrauen wird durch Glaubwürdigkeit, Verlässlichkeit und Authentizität begründet."

Anlageberatung ist eine Vertrauensdienstleistung. Ihnen als Berater muss bewusst sein, dass Sie gegenüber dem Kunden eine hohe Verantwortung haben. Der Rat suchende Kunde ist nicht souverän und kann nicht selbst entscheiden, denn sonst bräuchte er keine Beratung.

Aktuell sind die Kunden sehr verunsichert, besonders wenn sie die Anlageergebnisse des letzten Jahres betrachten. Anleger durch immer wieder turbulente Zeiten zu führen, ist eine wichtige Aufgabe. Werden Kunden hier enttäuscht, wenden sie sich ab und suchen neue Partner. Berater, die mit einer guten Ethik, hoher Fachkompetenz und einem starken Gespür für die Anlegerbedürfnisse am Markt tätig sind, werden erfolgreich sein.

## 3.1    Mit Menschen umgehen

> *„Die Kunst des Umgangs mit Menschen besteht darin,*
> *sich geltend zu machen, ohne andere unerlaubt zurückzudrängen. "*

[Adolf Freiherr von Knigge]

Wenn Sie Erfolg in der Kundenberatung haben wollen, dann ist es wichtig, sich ganz auf den Kunden einzustellen und diesen als Menschen für sich zu gewinnen. Es gibt eine ganz wichtige Regel, wie Sie auf Dauer einen guten Kontakt zu Menschen erreichen werden. Es ist die 4-M-Regel. Die 4-M-Regel bedeutet

- M    an
- M    uss
- M    enschen
- M    ögen

und zwar nicht trotz ihrer Individualität, Eigenheiten und Kanten, sondern genau deswegen.

Und bei allen Unterschieden wollen Ihre Kunden als Menschen doch immer wieder dasselbe, wie dieser fiktive Brief eines Kunden zeigt:

> „Lieber Anlageberater,
>
> wenn wir uns zu einem Termin verabredet haben, erwarte ich einen freundlichen, aufgeschlossenen Menschen, der pünktlich ist. Ich möchte erleben, dass Sie sich freuen, mich zu sehen. Ob Sie gerade private oder berufliche Probleme haben, interessiert mich nicht. Bitte behandeln sie mich als gleichberechtigten Partner. Denn: Ich bin der Kunde!
>
> Ich bin weder gemein, noch will ich Sie ärgern. Ich habe einen Anspruch auf Informationen und Ratschläge, die zu meiner Situation passen. Wenn Sie mir erklären, warum, gebe ich Ihnen auch alle benötigten Informationen. Achten Sie mich als Person, dann werde ich auch wertschätzend mit Ihnen umgehen. Lächeln Sie mich an, auch wenn Sie gerade viel zu tun haben. Ich arbeite lieber mit Menschen zusammen, denn die Arbeit Spaß macht. Sie bekommen dafür von mir: Vertrauen, Geld und Zeit. Denn: Ich bin der Kunde!
>
> Ich empfinde es als sehr angenehm, wenn Sie sich mir vorstellen und mich mit Namen ansprechen. Ich möchte, dass mir die Wahrheit gesagt wird. Sie sind mir sympathisch, wenn Sie mir nichts vormachen, sondern die Punkte konkret und korrekt beim Namen nennen. Denn: Ich bin der Kunde!

> Ich bleibe bei Ihnen, wenn Sie die für mich passenden Angebote machen und mir bei meinen Entscheidungen helfen. Merken Sie sich meine Eigenheiten, aber machen Sie sich darüber nicht lustig. Denn: Ich bin der Kunde!
>
> Es macht Spaß, mit einem Menschen zu reden, der mich mag, mich achtet und beachtet. Es ist ein gutes Gefühl, mit Ihnen zusammenzuarbeiten. Deshalb bin ich Ihr Kunde!"

Es ist also das Beste, sich auf den Kunden einzustellen!

## Aufgabe:

Vertrauen hat etwas mit Glaubwürdigkeit zu tun. Wie glaubwürdig sind Sie als Berater? Was sind Ihre Antworten auf diese vier Kundenfragen, die der Kunde hat, aber nicht stellt:

1. Warum soll ich bei Ihnen kaufen?

2. Warum soll ich bei Ihrem Unternehmen kaufen?

3. Warum soll ich überhaupt etwas kaufen bzw. verändern?

4. Warum soll ich zu Ihrem Preis kaufen?

## 3.2 Sich selbst und das Verhalten anderer besser verstehen

*„Wer Menschenkenntnis besitzt, ist gut;*
*wer Selbsterkenntnis besitzt, ist erleuchtet."*

[Chinesische Weisheit]

Im Leben stehen Sie vor der Herausforderung, sich und andere zu verstehen. Nachdem Ihr Erfolg durch die Entscheidungen anderer (= Ihrer Kunden) bestimmt wird, ist Menschenkenntnis eine Schlüsselkompetenz.

Die Bedürfnisse und Wünsche von Menschen können völlig unterschiedlich sein. Gute Verkäufer haben oft ein intuitives Gespür dafür, was ihren Kunden wichtig ist. Nachdem die meisten Menschen aber nicht „Gedankenlesen" können, hilft hier ein sehr interessantes Modell aus der Psychologie. Dieses ermöglicht anhand von vereinfachten Modellen zu verstehen, wie der Kunde „tickt". Das von dem amerikanischen Psychologen Willi

Moulton Marston entwickelte DISG-Modell legt vier Verhaltenstypen zugrunde. Diesen werden teilweise auch vier Farben zugeordnet:

1. der „dominante" Kunde (Rot)

2. der „initiative" Kunde (Gelb)

3. der „stetige" Kunde (Grün)

4. der „gewissenhafte" Kunde. (Blau)

Selbstverständlich haben Menschen aus allen vier Bereichen Verhaltensmuster. Meist überwiegt jedoch ein Aspekt. Woran erkennen Sie die einzelnen Typen und worauf ist zu achten, um mit diesem Kunden gut und erfolgreich zusammenzuarbeiten?

1. *Der „dominante" Kunde*

Ihn treibt das Streben nach Macht an und er hat Angst vor Versagen und Machtverlust. Er demonstriert gerne Stärke.

Was sollten Sie tun?

- Kommen Sie schnell zum Punkt.
- Geben Sie kurze, prägnante Antworten.
- Sagen, was gemacht werden soll und warum.
- Stellen Sie Ergebnisse heraus.
- Argumentieren Sie logisch.
- Bieten Sie Alternativen und Wahlmöglichkeiten.

Was sollten Sie vermeiden?

- Präsentation vieler Details
- viel und allgemein reden
- für den Kunden entscheiden wollen
- Unentschlossenheit vermitteln
- Verallgemeinerungen
- problemorientiert an Themen herangehen

2. *Der „initiative" Kunde*

Ihn treibt das Streben nach Liebe und Anerkennung und er hat Angst vor Zurückweisung. Er zeigt sich gern freundschaftlich.

Was sollten Sie tun?

- Betonen Sie Innovatives, Neues, Besonderheiten.
- Seien Sie offen, herzlich und begeistert.
- Kümmern Sie sich um den Beziehungsaufbau.
- Zeigen Sie, dass Sie sich gut ausdrücken können.
- Hören Sie gut zu und fragen Sie aufmerksam nach.
- Betonen Sie Meinungen von Experten.

Was sollten Sie vermeiden?

- Vorschläge klar zurückweisen
- viel reden
- beim Kontaktaufbau zu knapp sein
- Ihr Ziel aus den Augen verlieren
- verschlossen und „kurz angebunden" sein

3. *Der „stetige" Kunde*

Ihn treibt das Streben nach Sicherheit und Stabilität an und er hat Angst vor Veränderung. Er möchte, dass sich andere wohl fühlen.

Was sollten Sie tun?

- Seien Sie Geduldig.
- Stellen Sie Service und Verlässlichkeit in den Vordergrund.
- Hören Sie aufmerksam zu.
- Sprechen Sie leise und entspannt.
- Gehen Sie aufrichtig, offen und ehrlich mit dem Kunden um.
- Zeigen Sie Argumente für eine schrittweise Vorgehensweise auf.

Was sollten Sie vermeiden?

- zu direkt sein
- fordernd auftreten
- Tempo machen
- abrupte Gedankensprünge
- oberflächlich erklären

4. *Der „gewissenhafte" Kunde*

Ihn treibt das Streben nach Struktur und Ordnung an und er hat Angst vor Fehlern und Chaos. Er zeigt sich gern sachlich.

Was sollten Sie tun?

- Stellen Sie Zahlen, Daten und Fakten in den Vordergrund.
- Argumentieren Sie logisch.
- Seien Sie gut organisiert.
- Stellen Sie Qualität, Verlässlichkeit und Sicherheit heraus.
- Antworten Sie detailliert.
- Konzentrieren Sie sich auf die vom Kunden genannten Einzelheiten.

Was sollten Sie vermeiden?

- unpräzise sein, besonders bei der Beantwortung von Fragen
- persönliches herausstellen
- laut und bedrohlich sprechen
- zu schnell zum Abschluss kommen wollen
- emotional argumentieren

Selbstverständlich ist es nicht richtig, die Kunden jetzt nur noch in Schubladen zu stecken! Jeder Mensch ist einzigartig und hat etwas von allen vier Verhaltenstypen. Es handelt sich um eine vereinfachte Darstellung, die Ihnen eine Orientierung geben soll. Denn wenn es Ihnen gut gelingt, Ihre Kunden und potenzielle Kunden noch besser einzuschätzen und damit besser auf deren Bedürfnisse reagieren zu können, dann wird sich die Qualität und Quantität Ihrer Abschlüsse deutlich verbessern.

## Aufgabe:

1. Nehmen Sie sich bitte 30 Minuten Zeit und analysieren Sie, welchem Verhaltenstyp Sie zuzuordnen sind.

2. Nehmen Sie sich weitere 30 Minuten Zeit und analysieren Sie Ihre fünf wichtigsten Kunden. Welchem Verhaltenstyp sind diese zuzuordnen?

# 3.3    Optimal vorbereiten

*„Wenn ich acht Stunden Zeit hätte,*
*um einen Baum zu fällen,*
*würde ich sechs Stunden die Axt schleifen."*

[Abraham Lincoln]

Ob Ihre Kundenbesuche erfolgreich sind, Sie also tatsächlich Abschlüsse tätigen, hängt nicht nur von Ihrem Gesprächstalent ab. Entscheidend ist eine gute und individuelle Vorbereitung auf jeden Kunden. Egal ob bei Erstgesprächen oder bei Folgeterminen: Für Ihren Erfolg ist entscheidend, dass Sie einen guten Eindruck bei Ihrem Kunden hinterlassen und sich als idealer Geschäftspartner präsentieren. Je intensiver Sie sich im Vorfeld bereits mit den möglichen Fragen, Interessen und Problemen des Kunden auseinandergesetzt haben, desto eher gelingt Ihnen das.

Eine gute Vorbereitung

■ erleichtert es Ihnen, ein konkretes Gesprächsziel zu erreichen,

■ hilft Ihnen, souverän mit Fragen und Einwänden umzugehen,

■ vermittelt einen kompetenten Eindruck und

■ gibt dem Kunden das Gefühl, wichtig zu sein.

## 3.3.1   Worüber sollten Sie sich informieren?

Am Anfang steht die Terminvereinbarung mit einem Kunden. Nutzen Sie schon dieses Gespräch, um wichtige Informationen für den Termin zu sammeln:

- Was genau wünscht der Kunde und warum?
- Welches Budget steht ihm hierzu in etwa zur Verfügung?

Die wichtigsten Informationen, die Sie vor dem Besuch eines bestehenden Kunden zusammenstellen, finden Sie in Ihren eigenen Datenbanken:

- Welche Anlagen hat der Kunde schon bei Ihnen getätigt (Allokation/Fälligkeiten)?
- Wie haben sich diese Geldanlagen entwickelt?
- Welche Geldanlagen nutzt der Kunde noch anderweitig?
- Worüber wurde bei früheren Besuchen oder in Telefonaten gesprochen?

Ihre Besuchsvorbereitung kann immer nur so gut sein wie die Nachbereitung Ihres letzten Gesprächs. Erfassen Sie stets Wichtiges und Wissenswertes des letzten Besuchs:

- knappe Informationen über den Inhalt des Gesprächs
- konkrete Absprachen
- Wünsche und Hintergrundinformationen,
- persönliche Informationen wie Geburtstag, Hobbys etc.

So sind Sie immer gut informiert, wenn ein neuer Termin ansteht. Ihr Kunde wird das bemerken und schätzen.

## 3.3.2   Welche Unterlagen sollten Sie mitnehmen?

Bereiten Sie bei Neukunden zur Gesprächseröffnung eine kurze Präsentation Ihres Unternehmens und Ihrer Person vor. Interessant sind Ihre Angebote und Dienstleistungen, was Sie von anderen Finanzdienstleistungsunternehmen unterscheidet und Ihr Lebenslauf sowie ihre Qualifikation(en). Sie sollten das in etwa drei Minuten erledigen. Überreichen Sie dazu Ihre Visitenkarte und Ihre Firmenbroschüre.

Der Gesprächseinstieg bei Folgebesuchen ist einfacher, da Sie Ihren Gesprächspartner bereits kennen und besser einschätzen können. Rufen Sie sich ins Gedächtnis, über welche privaten Dinge Sie früher gesprochen haben – Hobbys, Familie, Urlaub. Auf dieser emotionalen Ebene finden Sie einen lockeren Gesprächseinstieg. Erstellen Sie eine Übersicht über die bisherigen Geldanlagen und deren Entwicklung.

### 3.3.3    Wie bereiten Sie sich inhaltlich auf das Gespräch vor?

Insbesondere sind diese Fragen bei der Gesprächsvorbereitung wichtig:

- Welche Themen wollen Sie ansprechen?

- Wie können Sie das Gespräch einleiten?

- Was wollen Sie in diesem (Erst-)Gespräch erreichen? Soll es ein Informationsgespräch bleiben, dem Sie Ihr konkretes Angebot nachreichen? Oder wollen Sie einen konkreten Vertragsabschluss erreichen?

- Welche konkreten Vereinbarungen streben Sie an?

- Was könnte das wichtigste Problem des Kunden sein? Und wie können Sie es konkret für ihn lösen?

- Warum sollte Ihr Gesprächspartner gerade mit Ihnen ins Geschäft kommen? Was für einen Nutzen bieten Sie ihm, den Ihre Mitbewerber so nicht bieten?

- Welche möglichen Einwände könnten von Ihrem Gesprächspartner kommen?

- Überlegen Sie sich stichhaltige Argumente, dann kommen Sie während des Gesprächs nicht ins Schleudern.

- Bereiten Sie eine Checkliste vor, nach der Sie geschickt fehlende Informationen sammeln und sich notieren.

- Worauf legt Ihr Gesprächspartner den größten Wert?

- Ist Ihr Gesprächspartner mit seinen anderen Anlageberatern zufrieden? Wenn ja: Was macht ihn zufrieden und wie können Sie einen Mehrwert anbieten? Wenn nein: Was ist der Grund für die Unzufriedenheit, und wie können Sie es besser machen?

### 3.3.4    Welche formalen Details sind wichtig?

Klären Sie – am besten schon bei der Terminvereinbarung – wie viel Zeit für das Gespräch bleibt. Planen Sie den Ablauf des Gesprächs auf der Basis der Zeitvorgabe. So kann es Ihnen nicht passieren, dass Ihre Zeit schon abgelaufen ist, bevor Sie konkret zur Sache kommen und Ihr Angebot vorstellen konnten.

Legen Sie den Termin so, dass eine Verspätung ausgeschlossen ist.

Ein gepflegtes Äußeres ist bei allen Kundenterminen Pflicht.

## 3.4    Eigene Wirkung verstärken

*„Wie Du kommst gegangen, so wirst Du empfangen."*

[Volksweisheit]

Der erste Eindruck ist nicht immer der stimmende, aber am Anfang einer Zusammenarbeit der bestimmende. Denn er bestimmt die Wahrnehmung des Kunden, d. h., Menschen neigen dazu, sich ein Bild zu machen, daraus Erwartungen abzuleiten und dieses dann über gezielte Beobachtungen zu verstärken.

Wie gelingt es manchen Menschen, sympathischer und fachkompetenter als andere zu wirken? Für einen guten Eindruck müssen Verhalten und Aussehen auf den ersten Blick angemessen sein. Folgende Punkte sind hier zu berücksichtigen:

### 3.4.1    „Kleider machen Leute"

Diese Erfahrung hat nahezu jeder Mensch in seinem beruflichen und privaten Leben gemacht. Die Kleidung ist in bedeutendem Maße mitentscheidend über den ersten Eindruck. Die Kleidung ist aber nicht nur für das äußere Erscheinungsbild ein ganz wesentliches Merkmal, sondern sie hilft als Unterscheidungskriterium auch bei der Einordnung unseres Gegenübers. Mit seinem äußeren Erscheinungsbild hat jeder die Möglichkeit, Einfluss auf seine Wirkung auf andere zu nehmen und diese sogar in gewissem Maße bewusst zu managen. Ist die gewählte Kleidung beispielsweise angemessen und stimmig zum Anlass, zur Situation und zur Rolle? Welche Signalwirkung hat sie? Die meisten Menschen empfinden unangemessene Kleidung nicht nur als Missachtung eines Anlasses, sondern auch als Missachtung, Provokation oder gar Beleidigung ihrer Person, und das hat möglicherweise Konsequenzen.

### 3.4.2    Händedruck

Eine Studie der Universität Alabama macht deutlich, dass ein fester Händedruck bei der Begrüßung, verbunden mit einem offenen Blickkontakt einen positiven Eindruck bei seinem Gegenüber hinterlässt. Bei diesem „Standard-Händedruck" wird die Hand vollständig umfasst und relativ kräftig und ausdauernd gedrückt, während Blickkontakt gesucht wird. Wer seinen Gesprächspartner so begrüßt, hat schon einen Wirkungsvorteil. Studenten mit festem Händedruck und Blickkontakt hinterließen bei ihrem Gegenüber einen positiven Eindruck.

Sie wurden also offen, gewissenhaft, positiv gestimmt, verträglich und extrovertiert eingeschätzt. Nach der Auswertung eines Persönlichkeitstests erwiesen sich die Versuchsteilnehmer mit festem Händedruck als tatsächlich etwas extrovertierter, emotionaler und weniger schüchtern als Kommilitonen, die einen „schwachen" Händedruck pflegen.

Die Forscher schreiben: „Es wäre etwas übertrieben zu behaupten, dass der Händedruck eines Menschen ein Fenster zu seiner Seele sei, aber einen durchaus brauchbaren ersten Hinweis auf die Persönlichkeit liefert er schon."

## 3.4.3 Blickkontakt

In schwierigen und anspruchsvollen Kommunikationssituationen neigen wir dazu, unseren Blickkontakt abzuwenden. Mögliche Ursachen sind:

■ Wir haben Schuldgefühle.

■ Wir fühlen uns dem Gesprächspartner unterlegen.

■ Wir überbringen unangenehme Nachrichten.

■ Wir sind desinteressiert.

■ Wie hegen Antipathie.

Gerade in diesen Situationen ist Blickkontakt wichtig, denn nur so können Sie sich auf den Gesprächspartner einstellen und – falls notwendig – umstellen. Beobachten Sie sich einmal selbst in den oben genannten Situationen und überprüfen Sie, wann Sie dazu neigen, den Blick abzuwenden.

Die Bedeutung eines offenen Blickkontakts sollte niemals unterschätzt werden. Wir alle wissen, was damit ausgedrückt wird, wenn man über jemanden sagt „Der kann einem nicht in die Augen schauen."

## 3.4.4 Abstand bei der Begrüßung

Beachten Sie bitte bei der Begrüßung den Abstand. Dieser sollten nicht zu groß sein, denn sonst denkt sich der Kunde „Warum distanziert der sich von mir?" Er sollte aber auch nicht zu gering sein, denn sonst hat der Kunde den Eindruck „Der ist mir zu nahe gekommen."

Beide Einschätzungen wirken nicht positiv.

Nach einer 1971 veröffentlichten Studie des amerikanischen Psychologen Professor Albert Mehrabian ist für den ersten Eindruck der Inhalt des Gesagten nur zu sieben Prozent maßgeblich. Die restlichen 93 Prozent entfallen auf die Körpersprache (Körperbau,

Bewegungsabläufe, Haltung, Gang, Gestik, Mimik, Distanzverhalten), die Kleidung (Qualität, Stilrichtung, Passform, Farbe), die Sprache (Stimmlage, Klang, Modulation, Lautstärke, Dialekt, Wortwahl) und den Geruch (Parfüm, Körpergeruch).

Es gilt also: Ein guter Inhalt muss auch gut verpackt sein, dann erreicht er die höchste Wirkung! Und zu dieser guten Verpackung gehört auch eine persönliche Vorstellung, die sofort Sympathie und Vertrauen schafft.

## 3.4.5   Körperhaltung

Achten Sie auf eine aufrechte Körperhaltung. Sie wissen, wie man jemanden mit „aufrechter Haltung" einschätzt.

## 3.4.6   Persönliche Vorstellung

In der Begrüßungsphase sollte bei der persönlichen Vorstellung auch deutlich gemacht werden, welche Erfahrungen und Qualifikationen der Berater hat. Hier verkaufen sich viele Berater deutlich unter Wert.

## Aufgabe:

1. Erstellen Sie eine Liste mit 21 Punkten, warum ein Kunde bei Ihnen kaufen sollte.

2. Erstellen Sie Ihre persönliche Liste zur Gesprächsvorbereitung.

3. Welche Erwartungen haben Ihre Kunden an Ihr äußeres Erscheinungsbild? Welche Punkte können Sie noch optimieren?

4. Lassen Sie sich von zehn Menschen aus Ihrem persönlichen Umfeld ein Feedback zu der Wirkung ihres Händedrucks geben.

5. Trainieren Sie Ihren Blickkontakt am Spiegel.

6. Überprüfen Sie Ihre Körperhaltung vor dem Spiegel. Stehen und sitzen Sie aufrecht?

7. Erarbeiten Sie Ihre persönliche Vorstellung bei einem Neukunden.

8. Erarbeiten Sie eine Präsentation Ihres Unternehmens.

# 4.    Motive des Kunden

*„Wir streben mehr danach, Schmerz zu vermeiden,
als Freude zu gewinnen."*

[Sigmund Freud]

In dem Buch „Train the Trainer" hat Michael Birkenbihl das menschliche Handeln nach folgendem Schema verdeutlicht:

## Motiv – Ziel – Verhalten

Dies bedeutet: Der Mensch hat ein Motiv (= Beweggrund/Bedürfnis). Das Motiv ist zielorientiert und danach richtet sich dann sein Verhalten. Dazu zwei Beispiele:

Ein Mensch hat Hunger (Motiv). Sein Ziel ist Sättigung. Sein Verhalten ist essen.

Ein Mensch hat starkes Geltungsbedürfnis (Motiv). Sein Ziel ist Anerkennung. Deshalb strengt er sich besonders an und bringt besondere Leistungen (= Verhalten).

Er teilt die menschlichen Bedürfnisse in drei Kategorien ein:

1. physische Bedürfnisse: die Triebe, die die Lebens- und Arterhaltung sicherstellen,

2. soziale Bedürfnisse: die Antriebe, die das Zusammenleben der Menschen in Gruppen ermöglichen,

3. psychische Bedürfnisse: die „höheren" Bedürfnisse, die dazu dienen, das Selbstwertgefühl zu steigern.

Der amerikanische Psychologe A. H. Maslow hat sich lange mit den menschlichen Bedürfnissen beschäftigt und seine Forschungsergebnisse haben die „Bedürfnispyramide" hervorgebracht.

**Abbildung 4:**   *Bedürfnispyramide nach Abraham Harold Maslow (1908-1970)*

Maslow geht davon aus, dass das Verhalten von Menschen durch fünf Bedürfniskategorien beeinflusst wird. Ein Bedürfnis bestimmt so lange das Verhalten, bis es vollständig befriedigt ist. Erst danach gewinnt eine höhere Bedürfniskategorie an Relevanz und beeinflusst das Verhalten. Die Nichtbefriedigung der vier unteren Bedürfnisebenen führe zu einem Mangelzustand, weshalb die dort angesiedelten Motive auch als „Defizitbedürfnisse" bezeichnet werden. Das Bedürfnis nach Selbstverwirklichung dagegen wird von Maslow als „Wachstumsbedürfnis" verstanden.

## 1. Stufe: Grundbedürfnisse

Auf der untersten Ebene gelten die physikalischen Grundbedürfnisse wie Essen, Trinken, Sexualität oder das Vorhandensein eines Arbeitsplatzes.

## 2. Stufe: Sicherheitsbedürfnisse

Bei den Sicherheitsbedürfnissen geht es darum, den derzeitigen Lebensstandard zu sichern. Diese Absicherung geschieht heute vorwiegend, indem der Kunde einen „Notgroschen" spart und (Renten-)Versicherungen abschließt. Aber auch ganz generell spielt das Bedürfnis nach „Sicherheit" bei der Geldanlage eine wichtige Rolle.

*3. Stufe: Soziale Bedürfnisse*

Der Wunsch nach Kontakt zu anderen Menschen und die Zugehörigkeit zu einer Gruppe zählen zu den sozialen Bedürfnissen.

*4. Stufe: Ich-Bedürfnisse*

Bei den Ich-Bedürfnissen geht es um Wertschätzung und den Wunsch nach Anerkennung. Dazu zählt beispielsweise das Kaufen und der Besitz von Markenware.

*5. Stufe: Selbstverwirklichung*

Hier geht es um den Wunsch nach persönlicher Entfaltung. Dieses Bedürfnis kann zum Beispiel durch das Tragen bestimmter Kleidung oder durch Individualreisen befriedigt werden. Hier geht es zum Beispiel auch um eine hohe Individualität in der Anlageberatung.

Ein weiterer Aspekt, unter dem Bedürfnisse betrachtet werden können, ist das „Hedonische Prinzip". Dieses geht von zwei Grundbedürfnissen aus:

1. Streben nach Positivem – Gewinnstreben

2. Vermeidung von Negativem – Verlustvermeidung

Wenn diese Erkenntnisse im Zusammenhang betrachtet werden, dann wird deutlich, dass Kunden keine Produkte brauchen, sondern deren Nutzen zur Bedürfnisbefriedigung. Deshalb stellt sich die Frage: Welchen Nutzen bringen Ihre Produkte bei der Bedürfnisbefriedigung Ihrer Kunden?

Es gibt für den Verkauf wichtige Bedürfnisse des Kunden:

1. Streben nach Gewinn

2. Streben nach Sicherheit/Vermeiden von Verlust

3. Streben nach praktischem Nutzen

4. Streben nach Anerkennung

5. Streben nach Freude

## Aufgabe:

Beantworten Sie bitte folgende Fragen schriftlich.

1. Zum Streben nach Gewinn:

1.1 Wie verdient Ihr Kunde mit Ihren Angeboten mehr Geld?

1.2 Welchen Mehrertrag hat Ihr Kunde, wenn er bestehende Geldanlagen künftig bei Ihnen tätigt?

1.3 Welche Ausgaben fallen für den Kunden weg?

2.   Zum Streben nach Sicherheit/Vermeiden von Verlust:

2.1  Wie steigert der Kunde seine Sicherheit, wenn er Ihre Angebote nutzt?

2.2  Welche Unannehmlichkeiten vermeidet Ihr Kunde, wenn er sich für Ihre Angebote entscheidet?

2.3  Wie sichert Ihr Angebot die Lebenshaltung Ihres Kunden?

3.   Zum Streben nach praktischem Nutzen:

3.1  Wie steigert Ihr Angebot den Komfort und die Bequemlichkeit Ihres Kunden?

3.2  Wie erleichtert Ihr Angebot das Leben des Kunden?

3.3  Was würde für den Kunden aufwendiger, wenn er Ihr Angebot nicht (mehr) nutzt?

4.   Zum Streben nach Anerkennung:

4.1  Wodurch gewinnt Ihr Kunde dank Ihres Angebotes an Ansehen und Prestige?

4.2  Welche anerkannte Referenz (Experte, Zeitschrift) empfiehlt Ihr Angebot an Ihren Kunden?

4.2  Wie sind Ihre Kunden „in" mit Ihrem Produkt?

5.   Zum Streben nach Freude:

5.1  Wie macht Ihr Angebot dem Kunden Spaß und steigert seine Lebensfreude?

5.2  Wie tut sich der Kunde mit Ihrem Angebot selbst etwas Gutes?

5.3  Wie drückt Ihr Kunde mit Ihrem Angebot seine Fürsorglichkeit/Liebe zur Familie aus?


# 4.1   Neugier wecken


> *„Die Neugier steht immer an erster Stelle eines Problems,*
> *das gelöst werden will. "*
>
> [Galileo Galilei]


Die vielen verschiedenen Reize, denen der Mensch täglich ausgesetzt ist, werden durch die Aufmerksamkeit gefiltert. Was für uns nicht von Interesse ist, wird von uns nur wenig oder gar nicht wahrgenommen. Wie schaffen wir es, den Wahrnehmungsfilter des Kunden „zu durchbrechen"?

Im Laufe der Entwicklungsgeschichte von Lebewesen hat sich ein Verhaltenssystem herausgebildet, das Menschen veranlasst, sich neuen, unbekannten und unvertrauten Reizen und Sachverhalten zuzuwenden. Konrad Lorenz hat 1943 in einem Aufsatz beschrieben, dass dieses Verhaltenssystem grundlegend für die Anpassung an neue oder sich ändernde Umweltbedingungen ist. In der Motivationspsychologie wird dieses Verhaltenssystem als Neugiermotiv bezeichnet und geht davon aus, dass Menschen von Geburt an mit einem Neugiermotiv ausgestattet sind.

In der allgemeinen Entwicklungspsychologie wird seit den Untersuchungen von Jean Piaget in den 1940er und 1950er Jahren das Neugiermotiv als eine zentrale Erklärung für die geistige Entwicklung von Kindern herangezogen.

# 4.2    Neugier wecken für ein Anlagegespräch

*„ Man entdeckt keine neuen Erdteile, ohne den Mut zu haben,*
*alte Küsten aus den Augen zu verlieren. "*

[André Gide, frz. Schriftsteller]

Bei der Kundenansprache sollten Sie folgende Erkenntnis berücksichtigen:

1.  Interesse an Neuem ist eine natürliche Verhaltensweise.

2.  Neugier erhöht die Aufmerksamkeit und Wahrnehmungsfähigkeit.

Dieser „Aufreißer" soll den Kunden an das Thema heranführen und neugierige Anteilnahme für ein weiteres Gespräch schaffen.

Welche Ansprachen bieten sich an?

## Variante 1: Bei Ansprache auf ein Konzept

Berater:    *„Wir haben ein Beratungskonzept, bei dem wir für Sie prüfen, wie Sie*

1. *Ihre Erträge erhöhen können*

2. *Ihre steuerpflichtigen Anteile reduzieren können*

3. *Ihre Kosten verringern können.*

*Was halten Sie davon? "*

Hier geht es darum, dem Kunden den allgemeinen Kernnutzen Ihres Beratungskonzepts zu definieren. Mal Hand aufs Herz: Welcher Kunde möchte diese Vorteile nicht? Durch die Rückfrage „spielen" Sie dem Kunden „den Ball zu" und kommen somit in den Dialog. Diese Ansprachestrategie wird von vielen der von mir trainierten Berater erfolgreich eingesetzt.

## Variante 2: Bei Ansprache auf einzelne Anlagen

*Berater:*      *„Wir haben eine interessante Anlageidee, bei der Sie bei voller Kapitalgarantie zum Laufzeitende eine Renditechance bis zu fünf Prozent haben. Falls unbedingt notwendig, können Sie während der Laufzeit auch zum aktuellen Kurs verfügen. Was halten Sie davon?"*

Diese Ansprachestrategie zielt auf die grundsätzlichen Anlageziele Ihres Kunden „Sicherheit, Verfügbarkeit und Rendite". Sie kennen Ihre Anlageangebote, deshalb sollten Sie den Kernnutzen der Anlage in ein bis zwei Sätzen vermitteln können. Es geht hier nur darum, den Kunden neugierig zu machen! Stellen Sie immer den aktuell interessantesten Aspekt an den Anfang Ihrer Argumentation. Durch die Rückfrage „spielen" Sie dem Kunden „den Ball zu" und kommen somit in den Dialog.

## Variante 3: Bei Ansprache auf ein Problem, „das viele haben"

*Berater:*      *„Viele meiner Kunden sind aufgrund der aktuelle Staatsverschuldung erheblich verunsichert und haben Angst vor Inflation. Wir haben interessante Anlageideen mit Inflationsschutz. Was halten Sie davon, wenn wir uns mal gezielt zu diesem Thema unterhalten?"*

Durch die Aussage „Viele meiner Kunden....." wecken Sie den sogenannten „Lemming-Effekt", das heißt, Menschen tun etwas, weil es andere auch tun. Der Mensch ist jemand, der sich durch das Verhalten anderer beeinflussen lässt. Wie könnte es sonst sein, dass in manchen Börsenphasen auch Kunden in Aktien investieren, die sich sonst damit nicht beschäftigen? Durch die Presse und in persönlichen Kontakten wird darauf aufmerksam gemacht, dass ja „alle anderen auch" und es „normal ist" in Aktien zu investieren. Meist ist dann nicht der ideale Zeitpunkt zum Einstieg. Allerdings ist diese Verhaltensweise ein Beweis, dass der Lemming-Effekt funktioniert.

## Variante 4: Bei Ansprache auf „Vorteile, auf die Sie bewusst verzichten"

*Berater:*    *„Herr Kunde, haben Sie bewusst darauf verzichtet, die Vorteile der Doppelbesteuerungsabkommen zur Verminderung Ihrer steuerpflichtigen Erträge zu nutzen?"*

Diese Ansprachevariante ist kaum bekannt und wird deshalb selten verwendet. Dadurch ist diese dem Kunden neu und genießt besondere Aufmerksamkeit. Zum anderen macht sie dem Kunden klar, dass er bisher „unbewusst" auf Vorteile verzichtet. Dies führt zu einem Klärungsbedarf.

Überlegen Sie bitte auch, welche Variante sich für welchen Verhaltenstyp („Dominant", „Initiativ", „Stetig" und „Gewissenhaft", siehe Kapitel 3.2) am besten eignen könnte.

# 4.3    Kunde will kein Gespräch – Was jetzt?

*„Werde also nicht müde, Deinen Nutzen zu suchen,*
*indem Du anderen Nutzen gewährst."*

[Marc Aurel, römischer Kaiser]

Es gibt einen Kundeneinwand, mit dem Sie als Berater in der Ansprache hin und wieder konfrontiert werden.

*Kunde:*    *„Ich habe kein Interesse!"*

Nutzen Sie die innovative „Reframing-Methode" zur Einwandbehandlung. Bei der Reframing-Methode wird durch Umdeutung einer Aussage eine andere Bedeutung oder ein anderer Sinn zugewiesen. Dies geschieht dadurch, dass man versucht, die Situation in einen anderen Kontext zu stellen.

Bevor wir uns diese Methode zur Einwandbehandlung genauer betrachten, ist es noch wichtig, die verschiedenen Aspekte einer Kundenaussage zu betrachten. Hier arbeitet Friedemann Schultz von Thun mit seinem „Nachrichtenquadrat" und dem „Vier-Ohren-Modell" des Empfangs von Nachrichten den Zusammenhang von Inhaltsaspekt und diversen Facetten des Beziehungsaspektes heraus. Welche Aspekte kann eine Kundenaussage haben?

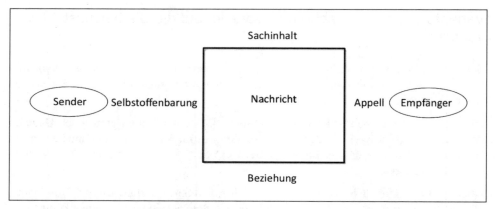

**Abbildung 5:**  *Vier Seiten einer Nachricht*

Der Sachinhalt: Worüber ich Dich informiere.

Es geht um die Sache an sich, eine Sachinformation wird ausgetauscht.

„Kein Interesse" könnte unter diesem Aspekt bedeuten, dass der Kunde dieses Angebot nicht braucht.

Die Selbstoffenbarung: Was ich von mir selbst kundgebe.

Die Selbstoffenbarung in der Nachricht ist vielen Menschen gar nicht bewusst oder geläufig. Schultz von Thun sagt dazu: „Wenn einer etwas von sich gibt, gibt er auch etwas von sich – dieser Umstand macht jede Nachricht zu einer kleinen Kostprobe der Persönlichkeit, was dem Sender nicht nur in Prüfungen und in der Begegnung einige Besorgnis verursacht. Mit dem zunehmenden Einfluss der humanistischen Psychologie in Deutschland wurde uns klar, dass ein „Leben hinter Fassaden" zwar die Selbstoffenbarungsangst eindämmen kann, aber mit großen Kosten für die seelische Gesundheit und für die zwischenmenschliche Verständigung verbunden ist. Mit diesem Aspekt ist das Thema der Echtheit (Authentizität) angesprochen."

„Kein Interesse" könnte unter diesem Aspekt bedeuten, dass der Kunde sich nur ungern mit Anlageangeboten beschäftigt.

Der Appell: Wozu ich dich veranlassen möchte.

Der Appellaspekt ist uns dagegen sehr geläufig. Wir wollen etwas mit unserer Kommunikation erreichen, in der Regel soll jemand etwas tun und das wissen wir auch. Die Welt ist voller Appelle, und das sind meist Aufforderungen, etwas zu tun.

„Kein Interesse" könnte unter diesem Aspekt bedeuten, dass der Kunde den Berater auffordert, ihn nicht mehr darauf anzusprechen.

Die Beziehungsseite: Was ich von Dir halte und wie wir zueinander stehen.

Die Beziehungsseite ist uns ebenfalls geläufig, denn wir tun vieles, weil uns etwas an dem anderen Menschen liegt und nicht, weil es vielleicht vernünftig wäre.

„Kein Interesse" könnte unter diesem Aspekt bedeuten, dass der Kunde noch nicht genug Vertrauen aufgebaut hat.

Das Nachrichtenquadrat wiederholt selbiges auf der Empfängerseite. Jede Nachricht kann man spiegelbildlich mit vier Ohren empfangen.

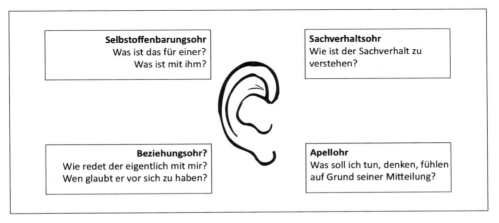

**Abbildung 6:**  *Vier-Ohren-Modell*

Nachdem der Sender auf vier Ebenen senden und der Empfänger diese Aussage ebenfalls auf vier Ebenen wahrnehmen kann, ist Kommunikation – gerade in schwierigen Gesprächssituationen – eine sehr große Herausforderung.

Nutzen Sie die Reframing-Methode und Sie werden erleben, dass Sie künftig viele Einwände deutlich einfacher und schneller entkräften werden. Die Reframing-Methode läuft grundsätzlich in vier Schritten ab:

## Schritt 1: Entwickeln Sie die richtige Einstellung gegenüber Einwänden.

Ob aus Höflichkeit, Scham oder Angst: Menschen lügen – und zwar gleich mehrmals am Tag. Oft wird das als Rücksichtnahme rationalisiert: „Ich sage Dir nicht, dass Du schlecht riechst, dass Du ein lausiger Koch bist." Täuschung ist also allgegenwärtig. Deshalb ist es auch ganz normal, dass Kunden nicht immer ihre wahren Gedanken (= Einwände) äußern, sondern vorgeschobene Argumente (= Vorwände) bringen. Daher meine ganz einfache Empfehlung: Verstehen Sie Einwände/Vorwände immer als versteckte Frage des Kunden nach dem Nutzen für ihn!

Ihr Kunde, der sagt: *„Ich habe kein Interesse.“*

Er fragt also: *„Warum soll ich meine wertvolle Zeit mit diesem Thema verbringen? Zeigen Sie mir den Vorteil für mich und ich nehme mir die Zeit!“*

Ein Kunde, der einen Einwand bringt, stellt also die Frage, was er davon hat, wenn er ein Gespräch mit Ihnen führt. Und genau diese Frage gilt es zu beantworten. Wenn Sie künftig genau hinhören, dann werden Sie die versteckte Frage heraushören!

## Schritt 2: Interpretieren Sie die Kundenaussage in einem positiven Kontext.

*Berater:*    *„Verstehe ich Sie richtig, dass Sie sich nur mit finanziellen Themen beschäftigen, die Ihnen einen Vorteil bringen?“*

Hier wird der Kunde meistens mit *„Ja“* antworten.

Aber wer weiß am besten, was aus seiner Sicht Vorteile sind? Der Kunde selbst. Deshalb fragen Sie den Kunden:

*Berater:*    *„Welche Vorteile sind für Sie aktuell von Interesse?“*

Jetzt liefert Ihnen der Kunde die Gründe, weswegen er ein Gespräch mit uns vereinbaren würde.

Falls der Kunde hier mit *„Nein“* antwortet, dann fragen Sie einfach nach.

*Berater:*    *„Wie muss ich es dann verstehen?“*

Und wieder gibt Ihnen der Kunde die Informationen und Argumente, die Sie als Aufhänger für ein Gespräch nutzen können.

## Schritt 3: Unterscheiden Sie Einwände und Vorwände.

Stellen Sie jetzt noch sicher, dass der Kunde hier wirklich „offen“ mit Ihnen war.

*Berater:*    *„Angenommen, ich kann Ihnen diesen Vorteil bieten, sind Sie dann grundsätzlich an einem Gespräch interessiert?“*

Falls die erste Kundenaussage wirklich ein Vorwand war, wird der Kunde ein Gespräch mit Ihnen führen.

*Kunde:*    *„Selbstverständlich.“*

Falls die erste Kundenaussage nur ein Vorwand war, dann wird der Kunde ausweichend antworten.

*Kunde: „Mal sehen"*

Selbst wenn der Kunde hier ausweichend antwortet, dann haben Sie noch einen Trumpf im Ärmel. Denn hier hilft die Aussage:

*Berater    „Ihre Reaktion zeigt mir, dass es noch irgendetwas gibt, das Sie hindert, mit mir ein Gespräch zu führen. Was ist das?"*

Jetzt kommt oft der wahre Grund. Starten Sie dann Ihre Einwandbehandlung einfach wieder bei Schritt 1. So einfach kann man einen Einwand behandeln und dabei herausfinden, ob es sich gegebenenfalls um einen Vorwand gehandelt hat.

## Schritt 4: Zielerreichung sicherstellen.

Vereinbaren Sie jetzt einen Termin mit der Alternativtechnik:

*Berater:    „Setzen wir uns dann lieber diese Woche am Freitag um 12 Uhr zusammen oder nächste Woche am Montag um 15 Uhr?"*

Oder steigen Sie direkt ins Gespräch ein. Es ist ganz normal, wenn Sie jetzt noch skeptisch sind, ob das wirklich funktioniert. Je mehr Sie sich jedoch mit diesem Gedanken beschäftigen, desto deutlicher wird Ihnen, welche Vorteile Ihnen dieses Konzept bringt.

## Aufgabe:

Erstellen Sie eine Einwandbehandlung für alle gängigen Einwände. Nutzen Sie hierzu anhand der dargestellten vier Schritte die Refraiming-Methode. Falls Sie noch Ideen und Anregungen zur Reframing-Methode benötigen, finden Sie diese auf meiner Homepage www.derBankverkaufstrainer.de.

# 5. Voraussetzungen für eine zielführende Argumentation schaffen

*„Als wir unser Ziel aus den Augen verloren hatten, verdoppelten wir unsere Anstrengungen"*

[Mark Twain]

***Abbildung 7:*** *Der Bogenschütze*

Für alle Berater, die bereits die gesamte Kundensituation analysieren, bevor sie Angebote machen, gibt es eine gute Nachricht. Seit dem 01.01.2010 müssen Wertpapierdienstleistungsunternehmen jede Anlageberatung in Finanzinstrumenten gegenüber Privatkunden schriftlich protokollieren. Eine Ausfertigung dieses Protokolls ist dem Kunden spätestens vor dem Geschäftsabschluss zur Verfügung zu stellen. Die Einhaltung der neuen Anforderung wird Gegenstand der WpHG-Prüfung sein. Verstöße gegen die neuen Anforderungen können von der BaFin mit einem Bußgeld von bis zu 50.000 Euro geahndet werden.

Für alle anderen ergibt sich eine existenzielle Notwendigkeit, künftig dem Thema Bedarfsanalyse einen höheren Stellenwert einzuräumen. Es gibt sogar eine „Checkliste und Beratungsprotokoll für Verbraucher" vom Bundesministerium für Ernährung, Landwirtschaft und Verbraucherschutz. Hier wird den Anlegern empfohlen, diese mit ihrem Anlageberater zu besprechen. Sie können sie unter folgender Internetseite abrufen:

www.bmelv.de/cae/servlet/contentblob/407516/publicationFile/21938/Checkliste-Finanzberatung.pdf

Unabhängig von den gesetzlichen Anforderungen, die zu erfüllen sind, geht es darum, den Kunden von den Vorteilen einer „Rund-um-Anlageberatung" zu überzeugen. Wenn der Kunde von diesem Konzept überzeugt ist, dann wird er alle benötigten Informationen geben. Aber: Wie gewinne ich den Kunden für eine „Rund-um-Anlageberatung"?

## 5.1    Einstieg ins Verkaufsgespräch

> *„Der Erfolgreichste im Leben ist der,*
> *der am besten informiert wird."*
>
> [Benjamin Disraeli (1804-81), brit. Politiker]

In Kapitel 4.2 haben Sie Möglichkeiten kennen gelernt, wie Sie den Kunden für ein Gespräch gewinnen können. Wie „öffne" ich den Kunden jetzt für ein Analysegespräch? Es gibt in unserem Gespräch nur einen, der weiß, welche Erwartungen er an eine Geldanlage hat, nämlich den Kunden. Wichtig ist, durch gezielte Fragen herauszufinden, welche Ziele der Kunde mit der Geldanlage erreichen möchte. Der Kunde wird Ihnen nur dann Informationen geben, wenn er auch versteht, warum Sie diese Informationen brauchen bzw. er darin einen Nutzen sieht. Mit welchen Fragen kann ich den Kunden am besten „öffnen"?

Glauben Sie, dass der Großteil der Kunden eine individuelle Beratung wünscht? Ja? Dann nutzen Sie diesen Gedanken:

Viele Berater sprechen mit dem Kunden über das, was sie wollen:

*Berater:    „Herr Kunde, ich will Sie individuell beraten."*

Selbstverständlich haben Berater damit Erfolg, da viele Kunden dies auch wollen. Eine deutliche stärkere Wirkung erreichen Sie, wenn Sie eine Frage stellen. Eine alte Weisheit unter Verkäufern lautet: „Wer fragt, der führt!"

Wer fragt, hat folgende Vorteile:

1.  Er behauptet nicht.
2.  Er aktiviert und beteiligt seinen Gesprächspartner.
3.  Er regt zum Antworten an.
4.  Er spricht selbst nicht zu viel.
5.  Er zeigt Interesse an seinem Gesprächspartner.
6.  Er erhält die benötigten Informationen schneller.
7.  Er spart somit Zeit und Kosten.

Wenn Sie einen Fisch angeln wollen, dann müssen Sie dafür sorgen, dass er das Maul aufmacht. Wenn Sie mit einem Kunden Geschäfte machen wollen, dann gilt das sinngemäß! Deshalb probieren Sie mal folgende Variante:

*Berater:*    *„Herr Kunde, wie wichtig ist Ihnen eine Beratung, die auf Ihre persönliche Situation zugeschnitten ist?"*

Kunden antworten hier wie selbstverständlich mit *„Wichtig",* denn sie wollen individuell beraten werden.

Hiermit hat der Kunde eine Anforderung definiert! Er möchte eine individuelle Beratung! Diese Anforderung können Sie aber nur erfüllen, wenn Sie detaillierte Informationen haben. Für eine individuelle Beratung ist Voraussetzung, dass Sie seine persönliche Situation auch kennen. Sprechen Sie dies beim Kunden direkt an. Treffen Sie weiterhin eine Vereinbarung für ein offenes Gespräch.

*Berater:*    *„Damit ich Sie individuell beraten kann, habe ich noch Fragen zu*

  *1. Ihren Anlagezielen*

  *2. Ihrer Anlagementalität*

  *3. Ihren finanziellen Verhältnissen*

  *4. Ihren Erfahrungen und Kenntnissen.*

  *5. Ihre Markteinschätzungen*

  *Herr Kunde, können wir offen über diese Punkte sprechen?"*

Hier antwortet der Kunde wie selbstverständlich mit: *„Ja",* denn er hat vorher definiert, dass er entsprechend beraten werden will. Manchmal kommt es jedoch auch vor, dass die Kunden auf die Frage nach einer individuellen Beratung mit *„Nein"* antworten. Sprechen Sie hier ganz offen an, dass Sie überrascht sind und fragen Sie nach dem Grund.

*Berater:*    *„Herr Kunde, da bin ich überrascht. Warum ist Ihnen eine Individuelle Beratung nicht wichtig?"*

Dann kennen Sie den Grund und können entsprechend argumentieren.

Die Arbeit mit einer Checkliste hat erhebliche Vorteile:

1. Eine Checkliste gibt Struktur.

2. Eine Checkliste sorgt dafür, dass nichts übersehen wird.

3. Eine Checkliste gibt dem Kunden Sicherheit.

Stellen Sie sich vor, Sie sitzen im Flugzeug und hören den Piloten über Lautsprecher sagen: „Aufgrund meiner reichhaltigen Erfahrung sehe ich, dass alles passt". Die meisten Seminarteilnehmer bestätigen mir, dass es ihnen lieber ist, wenn der Pilot sagt „Alle Systeme gecheckt" und diese anhand seiner Checkliste geprüft hat.

Gehen Sie positiv an den Umgang mit Checklisten heran und verkaufen Sie dem Kunden die Vorteile, die damit verbunden sind.

*Berater:*   *„Herr Kunde, es geht um ein wichtiges Thema, „Ihr Geld", und damit wir die Sicherheit haben, dass nichts vergessen wird, haben wir eine Checkliste. Lassen Sie uns diese jetzt gemeinsam besprechen."*

Die weitere Gesprächsführung orientiert sich an folgender Checkliste:

## 1)  Persönliche Daten (bei Bestandskunden vorab ausfüllen)

|  | Kunde | Partner |
|---|---|---|
| Name, Vorname | | |
| Straße/PLZ/Ort | | |
| Telefon (privat/geschäftlich) | | |
| Telefax | | |
| Mobil | | |
| E-Mail | | |
| Geburtsdatum | | |
| Familienstand/Güterstand | | |
| Kinder (Name/Geburtsdatum) | | |
| Beruf | | |
| Arbeitgeber | | |

## 2) Magisches Dreieck erläutern

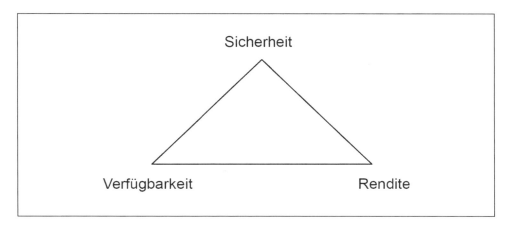

## 3) Was ist Ihnen bei der Geldanlage wichtig?

|  | sehr wichtig | wichtig | Unwichtig |
|---|---|---|---|
| Rendite |  |  |  |
| Sicherheit * |  |  |  |
| Verfügbarkeit |  |  |  |
| Steuerersparnis |  |  |  |
| Zuzahlungsmöglichkeit |  |  |  |
| Inflationsschutz |  |  |  |
| Vermögensstreuung |  |  |  |
| Transparenz + Verständlichkeit |  |  |  |

\* *Die Rückzahlung des vollen Anlagebetrages muss jederzeit gesichert sein.*
*Die Rückzahlung des vollen Anlagebetrages muss zum Laufzeitende gesichert sein. Bei einer vorzeitigen Verfügung werden Verluste akzeptiert.*
*Im Hinblick auf bessere Ertragsmöglichkeiten werden mögliche Kapitalverluste akzeptiert. Diese sollen maximal _____ % nicht übersteigen*

## 4) Wie haben sie Ihr Geld bisher angelegt?

| Anlageform | Anlagebetrag | Fälligkeit | Details und Hintergrund für Entscheidung |
|---|---|---|---|
|  |  |  |  |
|  |  |  |  |
|  |  |  |  |
|  |  |  |  |
|  |  |  |  |
|  |  |  |  |
|  |  |  |  |

## 5) Wie hoch ist Ihr Bruttoeinkommen/zu versteuerndes Einkommen?

_____

## 6) Gewünschte Anlagestrategie

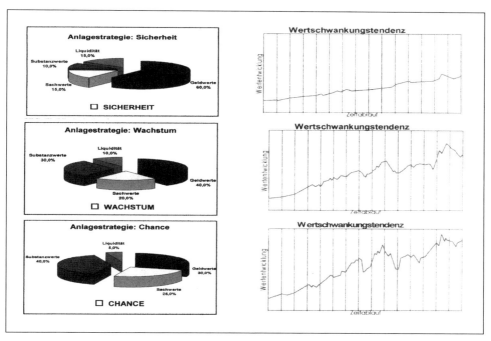

**Abbildung 8:** *Checkliste Anlageberatung*
*(Diese Checkliste können Sie unter ralf.meyer@derbankverkaufstrainer.de anfordern.)*

## 5.2  Persönliche Ziele des Kunden

*„Nur wer sein Ziel kennt, findet den Weg."*

[Laotse]

Bei der Bedarfsermittlung gilt folgender Grundsatz: Wer viele Fragen stellt, bekommt viele Antworten. Wer die richtigen Fragen stellt, bekommt die richtigen Antworten. Deshalb stellen Sie die richtigen Fragen. Nachdem wir die persönlichen Daten aufgenommen haben, geht es um den Zweck, den der Kunde mit einer Geldanlage verfolgt. Ein Indiz, ob Hegdefonds, Zertifikate und Beteiligungen für den Kunden in Frage kommen, ist, was der Kunde mit dem Geld vorhat.

*Berater:*   *„Was haben Sie mit dem Geld vor?"*

Die meisten Kunden antworten hier mit:

*Kunde:*   *„Ich habe nichts vor."*

*Hier ist es wichtig, weiter zu konkretisieren.*

*Berater:*   *„Herr Kunde, wann wird das Geld wieder benötigt?"*

*Oft kommt hier als Antwort:*

*Kunde:*   *„Es ist in den nächsten Jahren nichts geplant."*

Bitte achten Sie darauf, dass Sie die Fragen genau so stellen. Falls Ihre Kunden sehr oft antworten: *„Ich will mein Geld kurzfristig anlegen"*, dann prüfen Sie bitte, ob Sie die Frage stellen: *„Wie lange möchten Sie das Geld anlegen?"*

Aus der Antwort auf diese Fragen allein ergibt sich schon eine starke Einschränkung der Anlagevarianten. Wer sein Geld anlegt, damit er

- in weniger als fünf Jahren Wohneigentum erwerben kann,
- Rücklagen für Notfälle hat,
- Geld für größere Investitionen (Auto, Umbau, Renovierung) hat,

für den sind Hegdefonds, Zertifikate und Beteiligungen eher weniger geeignet.

Wer sein Geld anlegt, damit er

- Rücklagen für die Altersvorsorge in mehr als 10 Jahren hat
- attraktive Renditen erzielt,

für den sind Hedgefonds, Zertifikate und Beteiligungen grundsätzlich interessante Anlageformen.

## 5.3    Anlageziele des Kunden

*„Es gibt keine guten und schlechten Anlagen,*
*sondern nur seriöse und unseriöse.*
*Bei den seriösen gibt es dann Anlageformen, die zu den Kundenerwartungen passen*
*und nicht passende Anlagen."*

[Ralf Meyer, Bankbetriebswirt]

Erfahrungsgemäß möchten die Anleger gern eine hohe Rendite, kein Risiko und jederzeit über ihr Geld verfügen können. Ein hervorragendes Instrument, um dem Kunden aufzuzeigen, dass diese Ziele in Konflikte miteinander stehen, ist das magische Dreieck. Hier geht es um die Konkurrenz der einzelnen Anlageziele. Mit dem Magischen Dreieck (siehe Checkliste Punkt 2) der Vermögensanlage bezeichnet man die untereinander konkurrierenden Ziele Rentabilität, Sicherheit und Liquidität. Es gelten folgende Grundaussagen:

1. Je sicherer eine Anlage, umso geringer ist die Rendite.

2. Je liquider eine Anlage ist, umso geringer ist in der Regel die Rendite.

3. Je länger eine Anlage läuft, desto eher werden zwischenzeitliche Schwankungen wieder ausgeglichen und dadurch steigt die Sicherheit.

Mit der Sicherheit in diesem Zusammenhang ist die Erhaltung des Vermögens gemeint. Sicherheit kann man zum Beispiel durch die Streuung des Vermögens (Diversifizierung) erreichen.

Unter der Liquidität einer Anlage versteht man die Möglichkeit, wie schnell ein in dieser Anlage investierter Betrag wieder zu Bargeld oder in täglich verfügbares Bankguthaben umgewandelt werden kann.

Die Rentabilität beschreibt den Ertrag, der aus einer Investition in einer Anlage resultiert. Erträge können zum Beispiel durch Dividenden-, Zinszahlungen, Wertsteigerungen (Kursveränderungen) oder sonstige Ausschüttungen erzielt werden.

Berater:    *„Für die meisten Kunden sind bei einer Geldanlage drei Dinge wichtig. Nämlich: Sicherheit, Verfügbarkeit und Rendite. Jedoch können nicht alle drei Ziele gleichzeitig erreicht werden. Es gelten folgende Grundsätze: Je höher die Rendite, desto geringer die Sicherheit. Je länger die Laufzeit, desto höher die Rendite. Verfügbarkeit und Sicherheit schließen sich nicht aus. Was ist Ihnen bei einer Geldanlage am wichtigsten?"*

Jetzt geht es darum, die einzelnen Aspekte (siehe obige Checkliste) nach sehr wichtig, wichtig und unwichtig zu priorisieren. Erfahrungsgemäß neigen Anleger dazu, den Sicherheitsaspekt zu stark zu gewichten. Deshalb geht es schon in der Analysephase darum, den Kunden die anderen Aspekte einer Geldanlage deutlich hervorzuheben.

## Rentabilität

Arbeiten Sie hier bei der Erklärung möglichst bildhaft. Unterstellen Sie, dass der Kunde hart für sein Geld gearbeitet hat, und fragen Sie, ob sein Geld auch hart für ihn arbeiten soll. Unterstellungen im Verkauf sind selten angebracht, aber in diesem Fall werden Sie erleben, dass es funktioniert.

*Berater:* *„Herr Kunde, ich gehe davon aus, dass Sie hart für Ihr Geld arbeiten. Wie wichtig ist es für Sie, dass Ihr Geld auch hart für Sie arbeitet und eine gute Rendite erwirtschaftet?"*

## Sicherheit

Hier ist zu klären, was der Kunde unter Sicherheit versteht. Es gibt verschiedene Überlegungen:

1. Die Rückzahlung des vollen Anlagebetrages muss jederzeit gesichert sein.

2. Die Rückzahlung des vollen Anlagebetrages muss zum Laufzeitende gesichert sein. Bei einer vorzeitigen Verfügung werden Verluste akzeptiert.

3. Im Hinblick auf bessere Ertragsmöglichkeiten werden mögliche Kapitalverluste in Kauf genommen. Diese sollen maximal XX % betragen.

*Berater:* *„Herr Kunde, es gibt verschiedene Aspekte, unter denen man das Thema Sicherheit betrachten kann. Welche Bedeutung hat für Sie das Thema Sicherheit und wie sehen Sie die einzelnen Aspekte (laut Checkliste)?"*

*Berater:* *„Um wie viel dürfte Ihre Anlage während der Laufzeit maximal fallen, bevor Sie nachts nicht schlafen können?"*

Betrachten Sie mit dem Kunden das Thema Sicherheit auch mal unter folgendem Aspekt:

„Es gibt das Gerücht, dass Staaten nicht pleite gehen können. Dieses Gerücht stimmt nicht."

Diese wenig beruhigenden Sätze stammen nicht von einem Anlageberater, sondern von unserer Bundeskanzlerin Angela Merkel. Es stellt sich also die Frage, ob eine Anlage in Staatsanleihen noch einen „risikolosen Zins" oder mittlerweile ein „zinsloses Risiko" darstellt.

## Verfügbarkeit

Bereits aus den persönlichen Anlagezielen lässt sich ableiten, wann die angelegten Gelder wieder verfügbar sein müssen. Viele Kunden möchten ihr Geld aber trotzdem kurzfristig anlegen, auch wenn es in den nächsten Jahren gar nicht verplant ist. Der klassische „Vorsorgeanleger" legt sein Geld an, damit er es hat, „wenn mal was ist". Es handelt sich um ein Gefühl, dass der Kunde auch nicht rational erklären kann. Hier geht es dem Kunden aber nicht um eine kurzfristige Geldanlage, sondern in der Regel um eine kurzfristige Verfügungsmöglichkeit. Klären Sie, welche Summe jederzeit zur Verfügung stehen soll.

*Berater:* *„Herr Kunde, welche Bedeutung hat für Sie das Thema Verfügbarkeit? Welcher Betrag sollte jederzeit verfügbar sein?"*

Manchmal geben Kunden jetzt bei Rendite, Sicherheit und Verfügbarkeit jeweils „sehr wichtig" an. Dann entschuldigen Sie sich beim Kunden, dass Sie sich wohl vorhin missverständlich ausgedrückt haben, denn drei Ziele gleichzeitig zu erreichen, geht leider nicht. Erläutern Sie dann einfach noch einmal das magische Dreieck.

## Steuerersparnis

Es gibt Theorien, dass der Steuerspartrieb des deutschen Anlegers stärker ist als der Sexualtrieb. Hierzu gibt es aber keine Studien. Es gibt aber ein Urteil des Bundesgerichtshofes von 1965, in dem steht: „Wer die Pflicht hat, Steuern zu zahlen, hat das Recht, Steuern zu sparen!"

*Berater:* *„Herr Kunde, wie wichtig ist es für Sie, dass die Erträge in Ihre Tasche und nicht in die des Finanzamts fließen?"*

## Zuzahlungsmöglichkeiten

Klären Sie bitte hier, ob der Kunde – zur Erleichterung der Verwaltung – noch künftig fällige Anlagen mit zuzahlen möchte. Fragen Sie auch nach, ob der Kunde noch regelmäßig etwas zuzahlen will.

*Berater:* *„Welche Bedeutung hat es für Sie, dass Sie auch einmalig oder regelmäßig Zuzahlungen leisten können?"*

Falls dies dem Kunden wichtig ist, können Sie gleich eine konkrete Vereinbarung (eventuell mit Wiedervorlage) treffen.

## Inflationsschutz

Wer sein Vermögen unters Kopfkissen legt und denkt, da verliert es nicht an Wert, hat den Faktor Inflation vergessen. Gerade in der aktuellen Situation, in der Wirtschaftsprognosen von einer hohen Inflation ausgehen, ein fataler Fehler. Der Wirtschaftswissenschaftler und Direktor des Hamburgischen Weltwirtschaftsinstitutes (HWWI), Thomas Straubhaar, erwartet schon in Kürze eine kräftige Geldentwertung in Deutschland. Diese werde seiner Ansicht nach bei fünf bis zehn Prozent pro Jahr für die Zeit nach 2010 liegen.

Berater:    *„Herr Kunde, welche Bedeutung hat es für Sie, dass die Kaufkraft Ihres Geldes erhalten bleibt?"*

Falls der Kunde mit dieser Frage nichts anfangen kann, dann veranschaulichen Sie die Thematik einfach mit einem Beispiel:

Berater:    *Wenn die Brötchen beim Bäcker teurer werden, dann steigt der Preis. Wenn nicht nur ein Preis steigt, sondern alles teurer wird, dann nennt man das Inflation. Hier ein Beispiel, das die meisten Bundesbürger betrifft:*

*Durchschnittspreis 1960 für einen Liter Diesel: 33,8 Pfennig*

*Durchschnittspreis 2008 für einen Liter Diesel: 132,4 Cent*

*Das entspricht einer Preissteigerung von etwa. 750 Prozent. Welche Bedeutung hat das Thema Inflationsabsicherung unter diesem Aspekt für Sie?"*

Interessant ist in diesem Zusammenhang auch die Weisheit des Ökonomen Helmar Nahr: „Inflation ist der periodisch wiederkehrende Beweis für die Tatsache, dass bedrucktes Papier bedrucktes Papier ist."

Zeigen Sie dem Kunden auch folgendes Berechnungsschema:

Berater:    *„Herr Kunde, damit die Kaufkraft Ihres Geldes erhalten bleibt, ist Folgendes zu berücksichtigen:*

> *Zinssatz*
> *./. Steuern*
> *./. Inflation*
> ---------------------------------
> *Veränderung der Kaufkraft*

*Welche Bedeutung hat es für Sie, dass wir diesen Gedanken bei Ihrer Geldanlage berücksichtigen?"*

Plötzlich bekommt das Thema Sicherheit der Geldanlage durch den Aspekt Inflationsabsicherung eine etwas andere Bedeutung.

| | Deflation | Inflation | Hyperinflation |
|---|---|---|---|
| Aktien | sinkende Aktienkurse | steigende Tendenz | (stark) steigend |
| Zinsen | sehr niedrig, fallend (bis nahe 0%) | hoch + steigend | hoch + stark steigend |
| Renten: Anleihen | steigend | fallend | (stark) fallend |
| Rohstoffe | fallend | steigend | stark steigend |
| Gold | fallend | steigend | stark steigend |
| Immobilien | sinkend | steigend | stark steigend |
| Schulden | reale Wertzunahme | reale Wertabnahme | starke reale Wertabnahme |
| Sparbuch/Festgelder | reale Wertzunahme, nur gering/nahezu keine Zinszahlung | (starker) realer Wertverlust | sehr starker Realwertverlust bis Wertlosigkeit |

**Abbildung 9:** *Geldanlagen in verschiedenen Szenarien*

## Vermögensstreuung

Hier gibt es verschiedene bildhafte Vergleiche, mit denen Sie arbeiten können, um zu klären, wie der Kunde dieses Thema sieht:

*Berater:* „*Die meisten Menschen würden im Leben nicht alles auf eine Karte setzen. Welche Bedeutung hat das Thema Vermögensstreuung für Sie?*"

oder:

*Berater:* „*Wer im Winter mehr streut, der rutscht weniger. Welche Bedeutung hat Vermögensstreuung für Sie?*"

Oder klassisch:

*Berater:* „*Bei der Geldanlage gilt der Grundsatz „Lege nicht alle Eier in einen Korb". Wie sehen Sie das Thema Vermögensstreuung?*"

## Transparenz und Verständlichkeit

Unverständliche und undurchsichtige Geldanlagen können vom Kunden nicht richtig eingeschätzt werden. Ohne Transparenz und Verständlichkeit können sich Anleger kein Bild von den Chancen und Risiken einer Geldanlage machen. Ein Kunde sollte keine Investitionen vornehmen, die er nicht versteht. Deshalb ist es wichtig, dass die Anlageform auch unter diesem Aspekt ausgesucht wird.

*Berater:* *„Welche Bedeutung haben für Sie Transparenz und Verständlichkeit der Geld-*
*anlage, damit Sie sich ein eigene Meinung bilden können?"*

## Sonstiges

Die Individualität der Kunden kennt wohl kaum Grenzen. Klären Sie bitte deshalb, ob es
noch etwas gibt, das bisher nicht besprochen wurde.

*Berater:* *„Herr Kunde, gibt es noch etwas, das Ihnen bei der Geldanlage wichtig ist,*
*was wir bisher nicht besprochen haben?"*

## Aufgabe:

Bitte erstellen Sie eigene Formulierungen/Bilder, mit denen Sie die Themen Rendite,
Sicherheit, Verfügbarkeit, steuerliche Aspekte, Zuzahlungsmöglichkeiten, Inflationsschutz, Vermögensstreuung sowie Transparenz und Verständlichkeit erläutern.

Ganz entscheidend ist hier eine Zusammenfassung der Bedürfnisse des Kunden, um
gleich hier zu klären, ob Sie alle Punkte richtig verstanden haben. Hier können bereits
jetzt Missverständnisse geklärt werden. Falls Sie dies nicht tun, besteht die Gefahr, dass
Sie ein Angebot auf falschen Voraussetzungen aufbauen.

## 5.4    Erfahrungen und finanzielle Verhältnisse des Kunden

*„Erfahrungen sind Maßarbeit.*
*Sie passen nur dem, der sie macht."*

[Carlo Levi, italienischer Arzt und Schriftsteller]

Die Erfahrungen des Kunden mit Geldanlagen lassen sich am besten daran erkennen,
wie er sein Geld bisher angelegt hat.

*Berater:* *„Wie haben Sie Ihr Geld bisher angelegt?"*

*„Welche Anlageformen nutzen Sie bzw. haben Sie schon mal genutzt?"*

*„Welche Summe haben Sie in die einzelnen Anlageformen investiert?"*

*„Wann sind diese Gelder wieder fällig?"*

*„Warum haben Sie sich für diese Anlageformen entschieden?"*

*„Wie sind Sie mit diesen Geldanlagen zufrieden?"*

*„Wie hoch ist Ihr zu versteuerndes Einkommen?"*

Durch die Fragen, warum sich ein Kunde für eine bestimmte Anlageform entschieden hat, lässt sich viel über seine Einstellungen und Erfahrungen ableiten. Durch die bis jetzt durchgeführte Analyse haben Sie schon genaue Informationen über die Anlageziele, die finanziellen Verhältnisse sowie die Erfahrungen und Kenntnisse des Kunden. Weiterhin haben Sie schon Informationen über die Anlagementalität. Hier sind jetzt noch genauere Angaben des Kunden zum Risikoprofil notwendig.

## 5.5    Risikoprofil des Kunden

*„Der Mut ist wie ein Regenschirm.*
*Wenn man ihn am dringendsten braucht, fehlt er einem."*

[Fernandel]

Das Risikoprofil des Kunden hat zwei Aspekte: die Risikofähigkeit und die Risikobereitschaft.

## Risikofähigkeit

Hier wird ermittelt, wie viel Risiko der Kunde aufgrund seiner konkreten Einkommens-, Vermögens- und Lebensverhältnisse eingehen kann. Je größer die Sparfähigkeit, desto größer ist auch die Fähigkeit, Risiken einzugehen. Auf der anderen Seite beschränken finanzielle und familiäre Verpflichtungen die Risikofähigkeit. Bei Einsatz der Checkliste haben Sie hierüber schon ausreichend Informationen.

## Risikobereitschaft

Bei der Risikobereitschaft handelt es sich um eine subjektive Größe. Diese sagt aus, ob ein Kunde bereit ist, auf seine Anlagen vorübergehend Verluste hinzunehmen, um langfristig eine höhere Rendite zu erzielen als mit risikoarmen Anlagen. Anhand der Checkliste zeigen Sie dem Kunden die verschiedenen Anlagestrategien und deren Schwankungstendenzen auf. Durch den Chart wird dem Kunden gezeigt, wie mögliche Entwicklungen seiner Anlage aussehen können.

*Berater:*   *„Hier sehen Sie die Wertentwicklung einzelner Anlagestrategien. Welche davon gefällt Ihnen am besten?"*

Selbstverständlich ist es hier wichtig, die einzelnen Anlagestrategien ausführlich zu erläutern.

## 5.6    Markteinschätzungen des Kunden

*Prognosen sind recht schwierig,*
*weil sie die Zukunft betreffen."*

[Chinesisches Sprichwort]

Die fundamentale Analyse der weltweiten Wirtschaft ist eine schwierige Aufgabe. Für die künftige Anlagestrategie des Kunden ist es wichtig, ob er an einen raschen Konjunkturaufschwung glaubt. Wie schätzt er die Entwicklung von Zinsen und Rohstoffpreisen ein?

*Berater:*   *„Herr Kunde, bevor ich Ihnen jetzt einen Anlagevorschlag mache, ist es noch wichtig, Ihre Markteinschätzungen zu den wichtigsten Anlagemärkten zu kennen. Lassen Sie uns diese bitte anhand des folgenden Schaubildes besprechen."*

Erst wenn die Markteinschätzungen des Kunden geklärt sind, kann die Frage nach der richtigen Anlageklasse, der attraktivsten Anlageregion und der passenden Geldanlage beantwortet werden. Manchmal sind Kunden nicht bereit, eine Einschätzung abzugeben. Diese reagieren dann oft mit der Aussage: *„Das müssen Sie doch wissen."*

Glauben Sie wirklich, dass ein Kunde zu diesen Themen keine Meinung hat? Vielleicht traut er sich diese nur nicht gegenüber einem Experten (damit sind Sie gemeint) zu äußern?

Lassen Sie sich hier nicht verunsichern. Würde der Kunde am Stammtisch gefragt, dann hätte er mit Sicherheit eine Meinung.

*Berater:*   *„Expertenmeinungen gibt es viele, aber mich interessiert Ihre persönliche Einschätzung."*

Falls der Kunde wirklich gar keine Ahnung von wirtschaftlichen Zusammenhängen hat, dann sollten Sie überlegen, ob Anlageformen, die von Marktentwicklungen abhängig sind, wirklich für diesen Kunden geeignet sind.

Welche Markteinschätzungen des Kunden zu klären sind, ist selbstverständlich von seiner Anlagementalität, seinen Erfahrungen und seiner Vermögenssituation abhängig. Abbildung 10 illustriert am Beispiel der VR-Bank Rhön-Grabfeld eG eine mögliche Vorgehensweise zur Analyse der Markteinschätzungen.

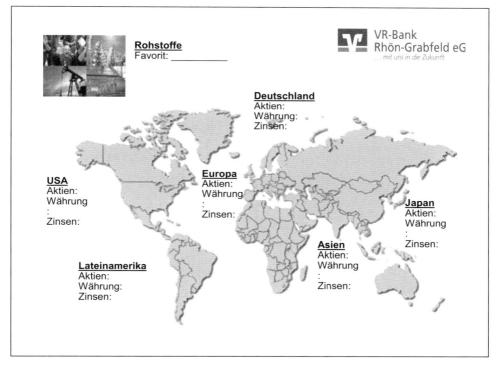

**Abbildung 10:** *Marktentwicklung global; Quelle. VR-Bank Rhön-Grabfeld eG*

# 6. Zeit effektiv einsetzen

*„Es ist nicht zu wenig Zeit, die wir haben,
sondern es ist zuviel Zeit, die wir nicht nutzen."*

[Seneca]

Welche Ressource steht Ihnen, Bill Gates, Angela Merkel und Barack Obama in genau gleichem Maße zur Verfügung? Alle haben 24 Stunden Zeit am Tag. Zeit ist wohl die einzige Ressource auf dieser Welt, die gerecht verteilt ist. Deshalb geht es darum, diese möglichst effektiv zu nutzen.

## 6.1 Zielgruppen und deren Bedarfsprofil

*„Was es alles gibt, was ich nicht brauche."*

[Aristoteles]

Selbstverständlich können Sie jeden Kunden auf Hedgefonds, Zertifikate und Beteiligungen ansprechen. Sicherlich gibt es auch Kunden, die sich dafür interessieren, selbst wenn sie gar nicht das Geld haben, um in solche Anlagen investieren zu können. Nachdem Sie aber sinnvoll mit Ihrer Arbeitszeit umgehen wollen, verbringen Sie Ihre Zeit mit Kundengesprächen, die eine besonders hohe Erfolgswahrscheinlichkeit erwarten lassen. Hierzu ist es wichtig, dass Sie die Zielgruppen nach quantitativen Kriterien einteilen (z. B. nach liquidem Gesamtvermögen, Einkommen oder Sparfähigkeit), um sicher zu stellen, dass der Kunde auch die erforderliche „Risikofähigkeit" hat. Nachdem die einzelnen Angebote im Bereich Hedgefonds, Zertifikate und Beteiligungen sehr unterschiedliche Ausprägungen haben, werden hier keine festen Beträge und Volumina vorgegeben.

Weiterhin sollten Sie die Zielgruppen nach qualitativen Kriterien einteilen, z. B.

- persönliche Ziele
- Anlageziele
- bisheriges Anlageverhalten
- Anlagementalität und Einstellung zu Kursverlusten
- Interesse für wirtschaftliche Zusammenhänge

Durch eine hochwertige Zielgruppenauswahl vermindern Sie Streuverluste und sparen Kosten.

## 6.2    Bereitschaft und Bedingungen für Zusammenarbeit

*„Zeitverschwendung ist die leichteste aller Verschwendungen."*

[Henry Ford]

In Kapitel 5 haben wir uns sehr intensiv mit dem Thema Bedarfsanalyse beschäftigt. Wenn Sie ein Gespräch mit Ihrem Kunden nach dieser Gesprächsstruktur aufgebaut haben, dann haben Sie schon einiges an Zeit investiert. Oft ist es – gerade bei umfangreicherem Vermögen – sinnvoll, einen Zweittermin zu vereinbaren. Wie oft haben Sie aber schon (im Zweittermin) Anlagen präsentiert und bei dieser Präsentation wurde dann deutlich, dass der Kunde doch kein so ernsthaftes Interesse an Ihren Angeboten hatte? Deshalb trennen Sie bereits nach der Bedarfsanalyse Schau- und Kaufleute. Schauleute finden Informationen über Anlagen grundsätzlich interessant, wollen aber nichts verändern. Kaufleute sind bereit „zu kaufen", wenn das Angebot passt.

Um die Ernsthaftigkeit des Kundeninteresses zu prüfen, ist es hilfreich Vorabschlussfragen zu stellen.

*Berater:    „Angenommen ich habe ein Angebot, das genau Ihre Erwartungen erfüllt, legen Sie das Geld dann bei mir an?"*

Die meisten Kunden antworten aber auf die Vorabschlussfrage mit einem einfachen *„Ja"*. Falls der Kunde aber mit *„Nein"* antwortet, dann ist offensichtlich noch etwas unklar. Dies gilt es zu klären:

*Berater:    „Herr Kunde, Ihre Reaktion zeigt mir, dass es noch irgendetwas gibt, das Sie hindert, das Geld bei mir anzulegen. Was ist das?"*

Viele Berater stellen die Vorabschlussfrage nicht, denn hier könnte der Kunde bereits jetzt sagen, dass er das Geld nicht anlegen wird, weil etwa sein Schwager bei der XY-Bank ist.

*Kunde:     „Mein Schwager ist bei der XY-Bank."*

Stellen Sie dem Kunden dann bitte folgende Frage:

*Berater:    „Sind Sie Ihrem Schwager verpflichtet?"*

Manchmal antworten die Kunden mit einer Gegenfrage:

*Kunde:*     „*Was meinen Sie mit ,verpflichtet'?*"

*Berater:*     „*,Verpflichtet' bedeutet, dass Sie Ihr Geld auch dann bei Ihrem Schwager anlegen müssen, wenn wir bessere Konditionen haben.*"

Falls der Kunde jetzt antwortet: „*Bin verpflichtet*" und es besteht keine weitere Geschäftsbeziehung, dann geben Sie dem Kunden ein paar Prospekte und verabschieden sich höflich. In diesem Fall ist es besser, wenn Sie sich um einen Kunden kümmern, der Ihre Beratung schätzt und auch mit Ihnen zusammenarbeiten will.

Sicherlich könnte es sein, dass ein Kunde nach einer tollen Beratung sein Geld bei Ihnen anlegt, obwohl er sich dem Schwager verpflichtet fühlt. Bitte prüfen Sie hier einfach, ob es nicht Kunden gibt, bei denen sich der Zeitaufwand mit einer höheren Wahrscheinlichkeit lohnt.

Eine weitere Frage, die vor der Präsentation zu klären ist:

*Berater:*     „*Sind sie grundsätzlich bereit, bestehende Geldanlagen umzuschichten, falls es aus steuerlichen Gründen oder aus Renditesicht sinnvoll ist?*"

Sie erkennen bereits jetzt, wie offen der Kunde auf ein Umschichtungsangebot reagieren wird.

*Berater:*     „*Wollen oder müssen Sie in die Entscheidung über diese Geldanlage noch jemanden mit einbeziehen?*"

Somit vermeiden Sie in der Abschlussphase die Kundenreaktion: „Muss noch mit Ehefrau/Partner/Steuerberater reden".

# 6.3     Zusammenhang zwischen Präsentation und Persönlichkeitsstruktur des Kunden

> „*Das Geheimnis des Erfolges ist,*
> *den Standpunkt des anderen zu verstehen.*"
>
> [Henry Ford]

Bereits in Kapitel 3.2 haben wir uns mit dem von dem amerikanischen Psychologen Willi Moulton Marston entwickelten DISG-Modell beschäftigt. Bevor Sie Ihr Angebot präsentieren, sollten Sie sich noch vergegenwärtigen, welche Fragestellungen diese Verhaltenscharaktere besonders kennzeichnen.

Welche typischen Fragen hat

■ der „dominante" Kunde?

 – Welche Ergebnisse bringt es?
 – Wie viel ist zu investieren?
 – Wie sind die Erfolgsaussichten?
 – Wie gut kennen Sie sich aus?
 – Wie lange verkaufen Sie diese Anlage schon und wie viel haben Sie davon schon verkauft?

Stellen Sie Ergebnisse in den Vordergrund und kommen Sie schnell zum Punkt!

■ der „initiative" Kunde?

 – Wer sind Sie?
 – Wodurch hebt sich Ihr Unternehmen/diese Geldanlage ab?
 – Wer hat diese Geldanlage sonst noch?
 – Wie sieht der Service/die Betreuung aus?
 – Was ist das Neue/Innovative an diesem Produkt?

Stellen Sie Innovatives und Individuelles in den Vordergrund und seien Sie unterhaltsam!

■ der „stetige" Kunde?

 – Warum soll ich diese Anlage machen? Ich lege mein Geld doch schon jahrelang in XY an.
 – Wie lange gibt es diese Anlage schon und wie viele Anleger nutzen diese?
 – Wer empfiehlt diese Anlage?
 – Welche Schwierigkeiten gab es schon?
 – Was wird sich durch die Anlage für mich verändern?

Stellen Sie Service und Qualitätssiegel in den Vordergrund und umsorgen Sie den Kunden!

■ der „gewissenhafte" Kunde?

 – Wo wurde dieses Anlage überprüft/getestet?
 – Welche Kriterien wurden bei diesem Test zugrunde gelegt?
 – Wie funktioniert diese Anlage genau?
 – Welche Details sind zu beachten?
 – Welche Unterlagen gibt es, anhand derer ich mich genau informieren kann?

Stellen Sie Zahlen, Daten und Fakten in den Vordergrund und setzen Sie auf Bewährtes!

Was sind typische Berufsgruppen von

 – „dominanten" Kunden? Militär, Polizei, Manager
 – „initiativen" Kunden? Vertreter, Marketing + Werbung, Gastronomie
 – „stetigen" Kunden? Ärzte, Sozial-Pädagogen, soziale Berufe, Gärtner
 – „gewissenhaften" Kunden? Informatiker, Ingenieure, Controller, Mathematiker

# 7. Hedgefonds, Zertifikate und Beteiligungen verständlich präsentieren

*„Was ist der wichtigste Satz im Verkauf?*
*Der Umsatz.“*

[Unbekannt]

Allerdings: Was hilft es, wenn der Kunde bei Ihnen eine Geldanlage abschließt, ohne dass er verstanden hat, worum es eigentlich geht? Reklamationen, Vorwürfe und Kundenabwanderung sind die Folge. Zusätzlich hält die negative „Mund-zu-Mund-Propaganda“ andere potenzielle Kunden davon ab, mit Ihnen Geschäfte zu machen.

> „Mittlerweile steht es in jeder Zeitung und man hört es bei fast jedem Small-Talk über die Finanzkrise: „Die haben ihre Produkte ja nicht einmal selbst verstanden!“ Und vermutlich stimmt das in vielen Fällen sogar. Trotzdem wurden manche oft hochkomplexen Finanzmarktprodukte gehandelt, als gäbe es kein Morgen. Inzwischen ist das Leid groß und allenthalben wird jetzt nach Schuldigen gesucht, die verantworten könnten, dass das, was niemand mehr verstand, heute nur noch einen Bruchteil des ursprünglichen Wertes besitzt. Verkehrte Welt!
>
> Und was im Großen gilt, das gilt in ähnlicher Form auch im Kleinen. Denn auch in Anlagegesprächen über weit weniger komplexe Papiere versuchen Kunden, ihre Berater mehr oder weniger direkt für den Verlust des Ersparten zur Verantwortung zu ziehen: Es stehen sogar Betrugsvorwürfe im Raum, aber es lässt sich vermuten, dass mache Kunden ihren Berater und die Produkte, die sie gekauft haben, auch nicht ausreichend verstanden haben. Wieder andere agieren grundsätzlich nach dem Motto: „Verstehen ist gut – aber anstrengend. Deshalb lege ich das Vertrauen lieber in meinen Berater und verzichte auf ein eigenes Verstehen. „Wenn dann etwas Unvorhergesehenes geschieht, wie etwa die Lehman-Pleite, dann sind diese Anleger doppelt enttäuscht: Einmal, weil ihr Geld weg ist und zum anderen, weil das Vertrauen in ihren Berater enttäuscht wurde. Deshalb ist es so wichtig, im Anlagegespräch für den Kunden so verständlich wie irgend möglich zu sein. Nur so kann die Anlage aus einer sachlich angemessenen und begründeten Entscheidung erfolgen, für die der Kunde auch dann die Verantwortung übernehmen kann und wird, wenn sich die Kurse nicht so entwickeln wie erhofft.“
>
> Quelle: Der Zertifikateberater – Ausgabe 3/2009

Deswegen ist es wichtig, verständlich zu verkaufen. Verständlichkeit schafft Vertrauen. Stellen Sie in den Vordergrund, dass der Kunde versteht, was er tut. Für jeden Kunden ist es wichtig, dass er nachvollziehen kann, wie sich die Geldanlage unter bestimmten Szenarien entwickelt. Klären Sie durch gezieltes Nachfragen, ob bzw. welche Details der Kunde zusätzlich benötigt. Sie erreichen damit einen erheblichen Wettbewerbsvorteil. Ihre zufriedenen Kunden werden Stammkunden, die Sie weiterempfehlen. Wenn Sie den Trend des „verständlich Verkaufens" frühzeitig erkennen und sich darauf einstellen, dann sind Sie Ihren Wettbewerbern einen Schritt voraus.

# 7.1 Leitgedanken zur Präsentation

*„Viele sind hartnäckig in Bezug auf den einmal eingeschlagenen Weg,*
*wenige in Bezug auf das Ziel."*

[Friedrich Nietzsche]

Eine Geldanlage zu verkaufen ist eine besondere Herausforderung, denn man hat nichts zum Anfassen und Demonstrieren und es geht immer um Versprechungen für die Zukunft. Dazu kommt ein weiteres Hemmnis: Amerikanische Pädagogikforschungen haben ergeben, dass sich ein Mensch in einem Zeitraum von 20 Minuten Präsentation höchstens vier Fakten merken kann. Wenn Sie Ihrem Kunden also bei einer Präsentation die zehn oder mehr Vorteile der Anlage vorstellen, dann hat der Kunde gerade einmal vier Vorteile behalten.

Um die Wirkung und den Erinnerungseffekt der Präsentation zu steigern, sollten Sie bitte folgende Punkte beachten:

1. Vom Bekannten zum Neuen: Menschen suchen nach Orientierungspunkten. Erleichtern Sie dem Kunden das Verständnis für den neuen Anlagevorschlag, indem Sie auf Gemeinsamkeiten zu bestehenden Anlagen eingehen.

2. Vom Einfachen zum Komplexen: Erläutern Sie dem Kunden die Grundstruktur der Anlage und ergänzen Sie „nach und nach" bei Bedarf die Details.

3. Nicht die Absicht, sondern die Wirkung entscheidet: Ihr oberstes Ziel sollte sein, einen für den Kunden nachvollziehbaren Anlagevorschlag zu präsentieren, damit dieser eigenverantwortlich entscheiden kann. Konzentrieren Sie sich deshalb auf den kommunikativen Prozess. Überprüfen Sie die Verständlichkeit Ihrer Aussagen, denn die Botschaft entsteht beim Empfänger. Fragen Sie nach jeder Erklärung, was den Kunden noch zusätzlich interessiert.

4. Nutzen Sie Bilder, Geschichten und Studien: Damit sprechen Sie sowohl die Emotionen als auch den Verstand des Kunden an.

5. Fachidiot schlägt Kunden tot: Fachbegriffe erleichtern den schnellen und konkreten Informationsaustausch zwischen Experten und nicht zwischen Experte und Kunde!

6. Steigern Sie die Aufmerksamkeit durch die direkte Anrede: Wenn Sie den Kunden mit seinem Namen ansprechen, dann steigern Sie dessen Aufmerksamkeit. Nutzen Sie dies, wenn Sie Themen von besonderer Bedeutung erläutern.

Bitte beachten Sie, dass etwa 80 Prozent einer Entscheidung durch Emotionen bestimmt sind. Selbstverständlich erklären wir unsere Entscheidungen gern rational, aber grundsätzlich lassen wir uns zum großen Teil von unseren Gefühlen leiten. Diese Erkenntnis ist aus der Eisbergtheorie von Sigmund Freud abgeleitet. Nach Freud gleicht das menschliche Bewusstsein einem Eisberg. Dessen direkt wahrnehmbarer Bereich macht nur etwa 10 bis 20 Prozent aus. Der größere Teil von 80 bis 90 Prozent liegt „unter Wasser", genau wie die verborgenen menschlichen Bewusstseinsbereiche der Gefühle.

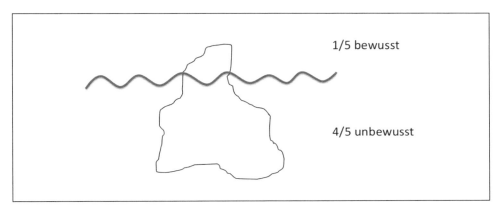

**Abbildung 11:** *Eisbergmodell*

Das „bewusste Ich" transportiert demnach mit dem Verstand die Daten, Sachverhalte und Argumente. Diese basieren aber tatsächlich auf den emotionalen Erfahrungen und Erwartungen. Vertrauen, Angst, Sympathie und Antipathie stellen nach Freud die Grundlagen menschlichen Handelns.

## 7.2    Umgang mit Vorurteilen des Kunden

> *„Die Dinge sind nicht so wie sie sind,*
> *sondern wie sie wirken. "*
>
> [Kurt Tucholsky]

Wenn wir die Einstellungen und Grundsätze unserer Kunden – aber auch unsere eigenen – betrachten, dann haben diese etwas mit bisherigen Erfahrungen zu tun. Warum sind diese Leitideen für uns so wichtig? Diese Leitideen sind Grundsätze, an die wir glauben. Deshalb werden diese auch in der Fachliteratur als Glaubenssätze beschrieben. Glaubenssätze verallgemeinern und vereinfachen ein Thema. Auch wenn sie uns nicht immer bewusst sind, so versuchen wir doch, nach ihnen zu leben. Es gibt unterstützende und einschränkende Glaubenssätze.

„Mir gelingt alles" und „Ich kann erreichen, was ich wirklich erreichen möchte", sind Glaubenssätze, die uns unterstützen unsere Ziele und Wünsche zu erreichen.

„Das schaffe ich nie" und „Ich werde nicht anerkannt, egal was ich mache" sind Glaubenssätze, die uns hindern, unsere Ziele und Wünsche zu erreichen.

Wie entstehen Glaubenssätze?

1.  Wir übernehmen als Kinder die Glaubenssätze von für uns wichtigen Bezugspersonen. Dazu gehören Eltern, Geschwister, Lehrer und andere für uns wichtige Menschen.

2.  Durch eigene Erfahrungen. Entweder erleben wir bestimmte Dinge wiederholt (wenn ich anderen helfe, dann wird auch mir geholfen) oder sehr intensiv (schmerzhafter Hundebiss) und ziehen daraus unsere Schlussfolgerungen (Hunde sind eine Gefahr).

Warum sind Glaubenssätze für unser Leben wichtig?

Glaubenssätze geben uns Stabilität und Kontinuität. Wir können durch sie Informationen rasch und sicher einordnen und schnell reagieren. Sie sichern unser Überleben, denn wir wissen, was passiert zum Beispiel, wenn wir bei schneeglatter Fahrbahn zu schnell unterwegs sind.

Was ist problematisch an Glaubenssätzen?

Aus den Erfahrungen der Vergangenheit entwickelt jeder im Lauf der Zeit unterschiedliche Erkenntnisse. Diese werden jetzt auf zukünftige Situationen und Erlebnisse übertragen. Diese Glaubenssätze sind Vor-Urteile. Oft handelt es sich bei diesen Vor-Urteilen um Glaubenssätze, die vor langer Zeit und/oder unter ganz anderen Rahmenbedingungen entstanden sind. So bleiben sie bei uns im Kopf, beeinflussen unser Verhalten, auch wenn sie schon lange nicht mehr aktuell sind. Wenn wir etwas glauben, dann verhalten wir uns, als wäre das, was wir glauben, wirklich wahr. Wir nehmen vor allem das als bedeutsam wahr, was den Glaubenssatz erneut bestätigt. Dieser Wahrnehmungsfilter wird als „selektive Wahrnehmung" bezeichnet.

> Die selektive Wahrnehmung ist ein psychologisches Phänomen, bei dem nur bestimmte Aspekte der Umwelt wahrgenommen und andere ausgeblendet werden. Selektive Wahrnehmung kann durch Priming, Framing oder vergleichbare Effekte hervorgerufen werden.
>
> Selektive Wahrnehmung beruht auf der Fähigkeit, Muster zu erkennen, einem grundlegenden Mechanismus des menschlichen Gehirns. Das Gehirn ist ständig auf der Suche nach Mustern, um neue Informationen in bereits vorhandene besser eingliedern zu können. Dabei ist die selektive Wahrnehmung die – meist unbewusste – Suche nach einem bestimmten Muster. Dies ist erforderlich, um die Fülle an Informationen überhaupt bewältigen zu können. Argumente, die die eigene Position stützen, werden stärker wahrgenommen als solche, die sie beschädigen.
>
> Aber auch positive Stimuli können selektiv wahrgenommen werden, beispielsweise die Attraktivität eines Flirtpartners.
>
> Die Auswahl der wahrgenommenen Sinneseindrücke wird von verschiedenen Faktoren beeinflusst, etwa Erfahrungen, Erwartungen, Einstellungen und Interessen.
>
> Quelle: Wikipedia

Hier noch ein paar Beispiele, die diese Aussage untermauern. Schauen Sie sich bitte die Zeichnung an. Erkennen Sie beide Frauen? Was lässt Sie die alte Frau erkennen; was die Junge?

*Quelle: Seminar Multimediale Lernsysteme; Original von W.E. Hill, 1915*
**Abbildung 12:** *Beispiel für selektive Wahrnehmung (1)*

Hier dreht sich gar nichts, das Bild ist starr!

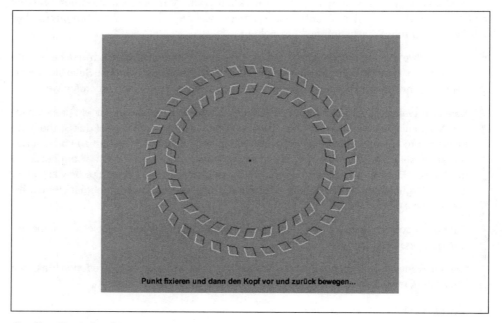

*Quelle: illusionen.biz*
**Abbildung 13:** *Beispiel für selektive Wahrnehmung (2)*

Hier noch die Erkenntnisse einer Studie einer englischen Universität (einfach den folgenden Text lesen):

> Afugrnud enier Sduite an enier Elingshcen Unvirestiät ist es eagl, in wlehcer Rieh-
> nelfoge die Bcuhtsbaen in eniem Wrot sethen, das enizg wcihitge dbaei ist, dsas der
> estre und lzete Bcuhtsbae am rcihgiten Paltz snid. Der Rset knan ttolaer Bölsdinn
> sien, und du knasnt es torztedm onhe Porbelme lseen. Das ghet dseahlb, weil wir
> nciht Bcuhtsbai für Bcuhtsbae enizlen lseen, snodren Wröetr als Gnaezs.

Wie nutzen wir diese Erkenntnisse, wenn der Kunde folgenden Glaubenssatz hat?

*Kunde:*    *„Hedgefonds, Zertifikate und Beteiligungen sind undurchsichtig und riskant."*

Diesen oder einen ähnlichen Satz haben Sie sicherlich schon einmal von einem Ihrer Kunden gehört. Vielleicht – im Innersten Ihres Herzens – denken Sie dasselbe? Bevor Sie sich mit der weiteren Einwandbehandlung beschäftigen denken Sie an die Aussage des Augustinus „In Dir muss brennen, was Du in anderen entzünden willst."

## Aufgabe:

Welche drei Hauptvorteile sehen Sie für Ihre Kunden?

- bei Hedgefonds
- bei Zertifikaten
- bei Beteiligungen

Ideen und Anregungen erhalten Sie auch in Kapitel 7.6

Bei der Einwandbehandlung gilt: „Wer argumentativ beginnt, ist regelmäßig im Nachteil". Deswegen nutzen Sie auch hier die innovative „Reframing-Methode" zur Einwandbehandlung (siehe Kap. 4.3).

*Kunde:*     *„Hedgefonds sind undurchsichtig und riskant!"*

Welche „versteckte Frage" und welcher „versteckte Wunsch" könnten hinter dieser Aussage stehen? Es gibt die verschiedensten Interpretationsmöglichkeiten. Für uns zielführende sind:

1. Der Kunde möchte wissen, warum diese Anlageformen doch interessant sind.
2. Der Kunde möchte nur Geldanlagen, die für ihn transparent und einschätzbar sind.

Deshalb reagieren Sie mit einer Interpretation der Kundenaussage:

*Berater:*     *„Herr Kunde verstehe ich Sie richtig, dass Sie sich fragen, welche Vorteile Hedgefonds haben und ob diese für Sie interessant sein können?"*

Durch diese Aussage klären Sie, ob der Kunde an einer lösungsorientierten Vorgehensweise interessiert ist. Hier wird der Kunde meistens mit *„Ja"* antworten. In dieser Situation geht es jetzt darum, mit dem Kunden eine Vereinbarung für die weitere Vorgehensweise zu besprechen.

*Berater:*     *„Herr Kunde, was halten Sie davon, wenn ich Ihnen diese Anlagevariante in etwa 15 bis 20 Minuten vorstelle, damit Sie anschließend entscheiden können, ob Hedgefonds für Sie interessant sind?"*

Falls der Kunde auf die Interpretation

*Berater:*     *„Herr Kunde verstehe ich Sie richtig, dass Sie sich fragen, welche Vorteile Hedgefonds haben und ob diese für Sie interessant sein können?"*

mit *„Nein"* antwortet, dann fragen Sie einfach nach:

*Berater:*     *„Wie muss ich es dann verstehen?"*

Und wieder gibt mir der Kunde die Informationen und Argumente, die ich als Aufhänger für ein Gespräch verwenden kann.

Kunden, die mit Vor-Urteilen in das Gespräch gehen, sind in der Regel an einem Gespräch interessiert. Vielleicht hat sich Ihr Kunde bereits ausführlich mit Hedgefonds befasst. Er ist zu dem Ergebnis gekommen ist, dass Hedgefonds für ihn nicht in Frage kommen. Dann sollten Sie aktives Zeitmanagement betreiben und den Kunden auf Anlagealternativen ansprechen.

## Aufgabe:

Mit welchen Kundeneinwänden rechnen Sie noch und wie können Sie mit der Reframing-Methode reagieren?

# 7.3    Bilder, Geschichten und Studien optimal einsetzen

*„Ich will nicht nur an Euren Verstand appellieren,*
*ich will Eure Herzen erreichen."*

[Mahatma Gandhi]

Einen Menschen überzeugen Sie am besten, indem Sie sein Gefühl und seinen Verstand erreichen. Deshalb ist es wichtig, sich mit der Funktionsweise des Gehirns auseinanderzusetzen. Wissenschaftliche Gehirnforschungen sprechen von zwei Gehirnhälften: der rationalen/analytischen und der intuitiven/kreativen.

| Links | Rechts |
|---|---|
| verbal | Nonverbal |
| Sprache | Phantasie |
| lesen, schreiben | erinnert Formen und Gesichter |
| Mathematisch | Intuitiv |
| Detailliert | Räumlich |
| Kontrolliert | Emotional |
| Analysiert | liebt Risiko |

***Abbildung 14:*** *Die Gehirnhälften und ihre Funktionen*

Die linke Gehirnhälfte ist – hauptsächlich – für rationales Denken (Logik und Wörter) sowie für analytische und mathematische Prozesse zuständig. Die rechte Gehirnhälfte steuert mehr die Intuition, Kreativität, Symbole und Gefühle. Diese Gehirnhälfte wird durch Bilder, Geschichten, Symbole, Melodien oder Gerüche aktiviert. Dieses duale Konzept für unser Gehirn ist sicher eine starke Vereinfachung. Wichtig ist für Sie, dass die rechte Gehirnhälfte für die Gefühle zuständig ist. Bitte berücksichtigen Sie hier die Erkenntnisse der „Eisbergtheorie" aus Kapitel 7.1.

Weiterhin erleichtern Sie Ihrem Kunden durch Visualisierung bei der Präsentation die Nachvollziehbarkeit Ihres Angebots. Etwa 65 Prozent aller Menschen haben in erster Linie ein optisches Gedächtnis.

Menschen behalten von dem, was sie

| | |
|---|---|
| – lesen | ca. 10 Prozent |
| – hören | ca. 20 Prozent |
| – sehen | ca. 30 Prozent |
| – sehen und hören | ca. 50 Prozent |
| – sehen, hören und tun | ca. 90 Prozent |

## Bilder optimal einsetzen

„Bilder sind schnelle Schüsse ins Gehirn", schreibt der Werbeforscher Kroeber-Riel, der sich besonders intensiv mit der Wirkung von Bildern beschäftigt hat. Das wichtigste Mittel der Werbung ist das Bild, denn …

**Abbildung 15:** *Ein Bild sagt mehr als tausend Worte*

**Abbildung 16:** *Gegen Emotionen ist niemand gefeit*

... und Emotionen transportieren Botschaften

**Abbildung 17:** *Emotionen transportieren Botschaften*

Wir können Alles so machen wie bisher, ....

... oder umdenken, wenn der Markt die Richtung wechselt.

Hier gilt: ***anders denken zahlt sich aus!***

**Abbildung 18:** *Mal in eine andere Richtung denken mit Hedgefonds (Muster für den Einstieg in ein Gespräch zum Thema Hedgefonds)*

**Abbildung 19:** *Muster für Einstiegsbild Zertifikate*

**Abbildung 20:** *Muster für Einstiegsbild Schiffsbeteiligung*

***Abbildung 21:*** *Muster für Einstiegsbild Immobilienfonds*

## Geschichten optimal einsetzen

Geschichten fesseln und bewegen, sie machen Schwieriges begreifbar und geben Impulse, über Entscheidungen nachzudenken. Mit anderen Worten: Geschichten können nicht nur (emotional) bewegen, sondern auch etwas bewegen (verändern). Sie sprechen die Emotionen neu an und sind somit stärker als Argumente. Denn Geschichten liefern Lebensähnlichkeiten. Argumente geben nur Wahrheitsgehalt wieder.

Welche Geschichten eignen sich für die Ansprache und die Präsentation bei neuen Anlageformen anzusprechen?

Welche Geschichten eignen sich für die Ansprache und die Präsentation zum Thema Hedgefonds/Zertifikate/Beteiligungen?

Berater: *„Ein Anleger hat zum Jahresanfang 10.000 Euro in einen Aktienfonds investiert. Aufgrund einer Krise bleiben zum Jahresende noch 8.000 Euro übrig. Viele andere Anleger haben auch zum Jahresanfang 10.000 Euro in Aktienfonds investiert und haben jetzt noch zwischen 6.000 und 7.000 Euro. Selbstverständlich hat er im Vergleich zu den Anderen einen Vorteil, aber trotzdem sind die wenigsten glücklich, wenn aus dem eingesetzten Kapital weniger* *geworden ist. Was halten Sie davon, wenn wir uns ein paar Anlagevarianten anschauen, bei denen Sie auch in Krisenzeiten die Chance auf positive Wertentwicklung haben?"*

## Studien optimal einsetzen

Die meisten Menschen lassen sich von Studien überzeugen. Es stellt sich die Frage: Warum glauben wir Studien und Statistiken? Damit einer Studie das Prädikat „wissenschaftlich" zugeschrieben werden kann, muss sie klar definierte Kriterien erfüllen. Aufbau, Ablauf und Ergebnisse einer Untersuchung müssen so dokumentiert sein, dass sie für andere Wissenschaftler nachprüfbar und wiederholbar sind. Wissenschaftler verkörpern somit die „Autorität des Wissens".

Das Milgram-Experiment ist eines der fundiertesten psychologischen Experimente, die jemals durchgeführt wurden. Es geht um die Gehorsamsbereitschaft gegenüber Autoritäten. Milgrams Beschreibung der Autorität ist allgemeingültig. Diese Gehorsamsbereitschaft ist nicht nur in extremen Situationen zu finden, sondern allgegenwärtig – in Form der Eltern, der Lehrer, des Chefs, der Polizei, der Regierung und der Wissenschaft.

Selbst wenn nicht alle Studien diese wissenschaftlichen Kriterien erfüllen, genießen sie doch eine hohe Glaubwürdigkeit und Autorität. Studien sprechen somit die linke Gehirnhälfte durch Zahlen, Daten und Fakten und die rechte Gehirnhälfte durch die vorhandene Gehorsamsbereitschaft gegenüber Autoritäten an.

Weiterhin lassen sich mit Studien ohnehin schon rechtshirnig (= emotional) getroffene Entscheidungen hervorragend linkshirnig (= rational) erklären. Schließlich sollen Entscheidungen ja vernünftig und erklärbar sein.

## 7.4　　Fachbegriffe verständlich erklären

*„Nicht wenige Experten sehen ihre Daseinsberechtigung darin, einen relativ einfachen Sachverhalt unendlich zu verkomplizieren."*

[Pierre Elliott Trudeau, ehem. Premierminister von Kanada]

Stellen Sie sich vor, jemand sagt zu Ihnen:

*„Populanten von transparenten Domizilen sollen mit fester Materie keine transzendenten Bewegungen durchführen."*

oder

> *"Ein der optischen Wahrnehmung unfähiges, gefiedertes, aber des Fliegens nicht mächtiges Haustier gelangt in den Besitz nicht näher definierter Sämereien."*

Vielleicht finden Sie so eine Bemerkung ein- oder zweimal amüsant. Wenn Sie aber 30 Minuten lang regelmäßig mit solchen Aussagen konfrontiert werden, wird das Ihre Entscheidungsfindung für das Angebot unterstützen? Sie als Berater sollten es auf den Punkte bringen, denn im Klartext hört sich oben genannte Aussage ganz einfach an.

> *"Wer im Glashaus sitzt, sollte nicht mit Steinen werfen."*

oder

> *"Ein blindes Huhn findet auch mal ein Korn."*

Dann ist doch gleich klar, worum es geht.

Denken Sie daran: Der Kunde ist kein gelernter Bankkaufmann. Er muss keine Fachkompetenz besitzen, um bei Ihnen Geld anzulegen. Das ist Ihre Aufgabe. Sie besitzen das Know-how, damit Sie dem Kunden die richtige Anlageform, die zu seinen Zielen und Wünschen passt, anbieten können. Reden Sie so mit dem Kunden, dass er Ihre Erklärungen verstehen kann. Binden Sie den Kunden in die Präsentation mit ein. Ihr Ziel muss es sein, dass der Kunde nachvollziehen kann, warum Sie genau dieses Angebot unterbreiten. Schließlich treffen ihn die Chancen und Risiken aus dieser Anlageentscheidung ganz allein. Wer die Konsequenzen zu tragen hat, sollte auch wissen, worauf er sich einlässt.

Ihre Sprache und Beispiele sollten sich an der konkreten Erfahrungswelt Ihres Kunden anlehnen. Für einen leidenschaftlichen Fußballfan kann man mit Sicherheit aus diesem Bereich gute Erklärungsbeispiele herausholen. Für einen Arzt mit Golf- oder Automobilleidenschaft gibt es mit Sicherheit andere Beispiele, die treffender sind.

Die von mir verwendeten Beispiele sind aus allen Lebensbereichen zusammengestellt, mit denen Kunden in der Regel konfrontiert sind.


## 7.4.1  Fachbegriffe und Beispielerläuterungen für Hedgefonds

Zu den wohl wichtigsten Fachbegriffen, die dem Kunden gegenüber verständlich zu erläutern sind, gehören die speziellen Techniken, mit denen Hedgefonds arbeiten.

**1. Leverage.** Es handelt sich um die Aufnahme von Fremdkapital, um die Eigenkapitalrendite zu steigern.

Steigen Sie hier über eine einfache Grundüberlegung in die Erklärung ein.

*Berater:*    *„Der Leverage-Effekt nutzt die Überlegung, dass es sinnvoll ist, für eine Geldanlage, bei der ein Gewinn von 10 Prozent erzielt wird, einen Kredit zum Zinssatz von 5 Prozent aufzunehmen. Lassen Sie mich das anhand eines Beispiels erklären. Ein Fondsmanager hat ein Fondsvermögen von 10.000 Euro. Er legt dies gewinnbringend an und hat dadurch eine Rendite von 10 Prozent erwirtschaftet, das sind 1.000 Euro. "*

*Berater:*    *„Jetzt könnte der Fondsmanager aber auch sagen: Ich bin mir sehr sicher, deshalb nehme ich einen Kredit in gleicher Höhe, also nochmal 10.000 Euro zu einem Zinssatz von 5 Prozent p. a. auf. Jetzt hat er 20.000 Euro, die er ebenso gewinnbringend anlegt und mit denen er wieder 10 Prozent erwirtschaftet. Diesmal sind das jedoch durch den höheren Einsatz 2.000 Euro Ertrag. Davon werden die Zinsen für den Kredit abgezogen (5 Prozent = 500 Euro), somit bleibt ein Gewinn von 1.500 Euro übrig. Der Fondsmanager hat so 50 Prozent mehr Rendite erwirtschaften können. "*

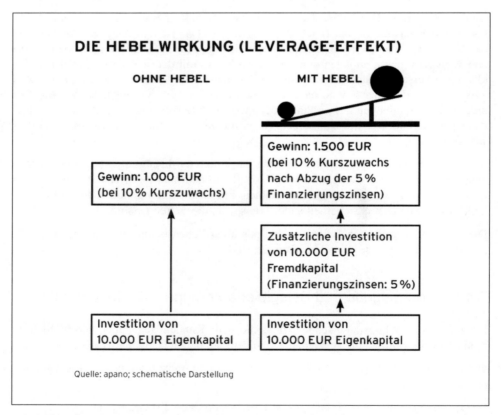

**Abbildung 22:** *Die Hebelwirkung*

**2. Arbitrage:** „Es handelt sich um die Ausnutzung von Bewertungsunterschieden zwischen zwei gleichen oder zwei verbundenen, börsengehandelten Anlageformen zum selben Zeitpunkt an verschiedenen Finanzplätzen."

Steigen Sie auch hier über eine einfache Grundüberlegung in die Erklärung ein.

Berater: *„An der Börse und auch an anderen Märkten, wie etwa dem Automarkt, kommt es vor, dass für die gleiche Ware ein unterschiedlicher Preis bezahlt wird. Ein Autohändler könnte zum Beispiel in Berlin ein Auto günstig kaufen, von dem er weiß, dass ein Käufer in London bereit ist, einen deutlich höheren Preis dafür zu bezahlen und den Wagen in Berlin abholen oder auf eigene Kosten nach London transportieren würde. Den Gewinn aus solchen Geschäften nennt man Arbitrage."*

**3. Leerverkauf:** Verkauf eines geliehenen Wertpapiers

Auch hier empfiehlt es sich mit einer einfachen Grundüberlegung in die Erklärung einzusteigen.

Berater: *„Beim Leerverkauf hat der Hedgefonds-Manager die Möglichkeit von fallenden Aktienkursen zu profitieren. Es ist eine der möglichen Techniken, mit der sich Hedgefonds gegen Verluste an Märkten absichern und so von traditionellen Investmentfonds abheben. Eine solche Transaktion funktioniert in fünf Schritten:*

*Schritt 1: Der Hedgefonds-Manager leiht sich gegen eine Gebühr von 100 Euro BMW-Aktien bei einer Versicherung im Wert von 10.000 Euro.*

*Schritt 2: Der Hedgefonds-Manager verkauft die Aktien sofort zu diesem Wert an der Börse.*

*Schritt 3: Der Kurs der Aktien fällt wie erwartet um z. B. 20 Prozent auf 8.000 Euro.*

*Schritt 4: Der Hedgefonds-Manager kauft nun die gleiche Anzahl an BMW-Aktien wieder an der Börse günstiger zurück. Er hat nur 8.000 Euro bezahlt, aber ursprünglich 10.000 Euro bekommen. Abzüglich der 100 Euro Leihgebühr hat er einen Gewinn von 1.900 Euro bei fallenden Kursen gemacht.*

*Schritt 5: Der Hedgefonds-Manager gibt die geliehenen Aktien an die Versicherung zurück."*

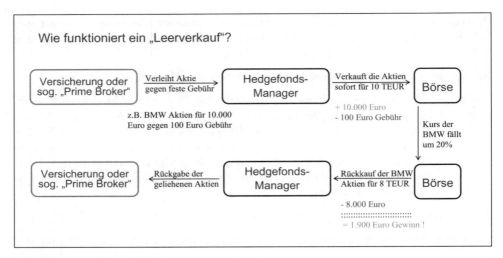

**Abbildung 23:** *Leerverkauf*

Diese Beispiele sind nach dem Motto „Weil einfach einfach einfach ist" gewählt. Falls es bei Ihnen jetzt bei manchen Beispielen „Klack" macht, ist dies beabsichtigt. Es geht darum, Denkanstöße zu geben, wie Sie Fachbegriffe für Nichtfachleute „übersetzen". Falls Sie andere Beispiele für diese oder andere Fachbegriffe haben, dann schicken Sie diese an Ralf.Meyer@DerBankverkaufstrainer.de. Sie werden dann mit Quellenangabe auf meiner Homepage www.DerBankverkaufstrainer.de veröffentlicht.

Weitere wichtige Fachbegriffe sind:

■ **Absolute Return:** Positives Renditeziel, unabhängig vom Marktumfeld

*Berater:*     *„Sie bepflanzen Ihren Garten so, dass es, unabhängig von der Wetterlage, auf jeden Fall etwas zu ernten gibt, etwa durch den Bau eines Gewächshauses."*

■ **Agio:** Aufgeld beim Kauf von Wertpapieren

*Berater:*     *„Wenn Sie Ihre Steuererklärung beim Steuerberater erstellen lassen, dann bekommt er dafür eine Entlohnung."*

■ **Alpha:** Mit Alpha wird der Mehrwert eines Portfolios im Vergleich zu einem der Strategie entsprechenden Referenz-Index bezeichnet.

*Berater:*     *„In einem Beet wachsen durchschnittlich 4 Kilogramm Gemüse. In Ihrem Beet dagegen 5 Kilogramm. Ihr Gemüsebeet hat ein Alpha von 1 Kilogramm."*

■ **Beta:** Beta gibt an, wie stark ein Wert im Vergleich zum Markt schwankt.

*Berater:*     *„Aufgrund der Lage Ihres Gemüsebeetes haben Sie bei einem sonnigen Sommer immer 50 Prozent mehr Ernte als in vergleichbaren Beeten. Bei einem*

*regnerischen Sommer immer 50 Prozent weniger Ernte. Ihr Gemüsebeet hat ein Beta von 1,5. "*

■ **Dachfonds:** Bei Dachfonds handelt es sich um Investmentfonds, die ihr Fondsvermögen wiederum in anderen Fonds anlegen. Auf diese Weise kann eine besonders breite Risikostreuung erzielt werden.

Berater:     *„Sie kaufen sich nicht direkt einen Garten mit Obstbäumen, sondern beteiligen sich an einer Gesellschaft, der mehrere Obstplantagen an unterschiedlichen Orten gehören. So erreichen Sie eine geringere Abhängigkeit von einem Standort, sind unabhängiger vom Wetter und erreichen eine größere Vielfalt an Früchten, die Ihnen zum Verkauf zur Verfügung steht. Insgesamt stabilisiert sich so Ihre Investition. "*

■ **Derivate:** Finanzinstrumente, deren eigener Wert von dem Kurs anderer Finanztitel (der sogenannten Basiswerte oder Underlyings) abhängt. Derivate sind z. B. Futures, Swaps, Optionen.

Berater:     *„Der Wert einer Eintrittskarte für ein Fußballspiel bestimmt sich durch die Attraktivität der spielenden Mannschaften und die Bedeutung des Spiels. "*

■ **Diversifikation:** Aufteilung des Gesamtvermögens auf verschiedene Anlageformen (wie Aktien, Anleihen etc.), Länder und Branchen mit dem Ziel, das Ertragsrisiko zu reduzieren. Diversifizierte Portfolios haben erfahrungsgemäß den Vorteil, dass eine bestimmte Rendite mit einer geringeren Schwankungsbreite (Volatilität) des Anlagewertes erreicht werden kann.

Berater:     *„Wenn Sie in Regenschirme und gleichzeitig in Sonnencreme investieren, dann erzielen Sie Umsätze, egal wie das Wetter im Sommer wird. Durch diese Aufteilung erreichen Sie kalkulierbarere Erträge. "*

■ **Hebelwirkung:** Als Hebelwirkung wird die überproportionale Abhängigkeit eines Anlagevermögens von Kursveränderungen bezeichnet. Hebelwirkungen können durch den Einsatz von Derivaten oder durch die Aufnahme und Anlage von Fremdkapital (Leverage) erzielt werden.

Berater:     *„Wenn Sie mit einem Spaten arbeiten, dann haben Sie ein kurzes Spatenblatt und einen langen Spatenstiel. Das Spatenblatt ist in der Erde und Sie bewegen den Spatenstiel. Dadurch erreichen Sie beim Umgraben eine Hebelwirkung. "*

■ **Hedging:** Form der Risikobegrenzung, bei der vorübergehend ein entgegengesetztes Engagement so zu einer vorhandenen Position eingegangen wird, dass sich Gewinne und Verluste bei Veränderungen der Marktpreise weitgehend neutralisieren.

Berater:     *„Sie setzen beim Roulette auf schwarz. Um diese Entscheidung abzusichern, setzen Sie gleichzeitig auf Rot. Wenn eine von beiden Farben kommt, dann haben Sie keinen Verlust, aber auch keinen Gewinn. "*

■ **Korrelation:** Statistisches Maß dafür, wie zwei Größen ursächlich miteinander zusammenhängen. Es gibt positive Korrelation (je mehr, desto mehr) und negative Korrelation (je mehr, desto weniger).

Berater:     *„Positive Korrelation bedeutet „Je mehr Sie düngen, desto besser die Ernte".*
             *Negative Korrelation erleben Sie an der Tankstelle: „Je mehr Sie gefahren*
             *sind, desto weniger ist im Tank."*

■ **Lock-up-Periode:** Zeitraum, in dem ein Finanzinstrument nach der Emission nicht an den Emittenten zurückgegeben werden kann.

Berater:     *„Der Nachbar ist für eine Woche weggefahren und Sie haben seinen Hund zur*
             *Aufsicht übernommen. Sie können den Hund dann auch erst nach dieser Woche wieder zurückgeben."*

■ **Trendfolgesystem:** Ein Trendfolgesystem ist ein Handelssystem, mit dessen Hilfe steigende oder fallende Preistrends börsengehandelter Werte (Aktien, Rohstoffe, Währungen usw.) frühzeitig erkannt und genutzt werden.

Berater:     *„Die Automobilhersteller, die den Trend zu sparsameren Fahrzeugen frühzeitig erkannt haben, haben heute einen Vorsprung gegenüber ihren Mitbewerbern."*

■ **Performance-Fee**: Erfolgsabhängige Gebühr eines Hedgefonds-Managers.

Berater:     *„Sie pachten einen Acker und bezahlen 10 Prozent Ihres Ertrags als Pacht."*

■ **Volatilität:** Maß für die erwartete oder historische Schwankungsbreite (Risiko) eines Finanzinstruments während einer bestimmten Zeitperiode.

Berater:     *„Die Temperaturen im Sommer schwanken. In diesem Sommer lagen die Temperaturen zwischen 15 und 35 Grad. Die Schwankungsbreite betrug also 20 Grad."*

## 7.4.2    Fachbegriffe und Beispielerläuterungen für Zertifikate

Zertifikate erscheinen in den vielfältigsten Varianten. Dennoch gibt es eine paar Fachbegriffe, die sehr häufig verwendet werden.

■ **Barriere**: Wenn der Basiswert während der Laufzeit nicht unter die Barriere fällt, werden das eingesetzte Kapital und der vereinbarte Bonus zurückgezahlt.

Berater:     *„Eine Barriere ist wie ein Damm. Er sichert Ihr Eigentum. Wenn er einmal gerissen ist, dann hat er seine Funktion verloren."*

■ **Basispreis:** Preis des Basiswertes, auf dem die Rückzahlung des Zertifikates bei Fälligkeit berechnet wird.

*Berater:* „*Sie bekommen einen Gutschein über 20 Eier von Ihrem Lebensmittelgeschäft. Bei Einlösung steht dann aufgrund des Eierpreises (Basispreis) fest, wie viel der Gutschein wirklich wert ist.*"

▪ **Basiswert:** Jedem Zertifikat liegt ein Basiswert zugrunde, vielfach auch als „Underlying" bezeichnet. Von der Wertentwicklung des Basiswertes hängen der Rückzahlungsbetrag und ggf. die Ertragszahlungen ab.

*Berater:* „*Der Preis für Joghurt und Quark ist abhängig von der Entwicklung des Preises für Milch als Ausgangsprodukt.*"

▪ **Basket:** Englisch für „Korb". Bei Basket-Zertifikaten werden vom Emittenten verschiedene Aktien in einem „Korb" zusammengefasst und dienen dann als Basiswert.

*Berater:* „*Statt nur Äpfel zu kaufen, legen Sie auch Orangen, Birnen, Bananen und anderes Obst in den Korb. Die Preisentwicklung dieser Bestandteile ist dann ausschlaggebend für den Wert Ihres Korbes.*"

▪ **Bonität**: Sie bezeichnet die Zahlungsfähigkeit eines Schuldners. Diese wird mit Hilfe von Ratings ermittelt.

*Berater:* „*Wenn Sie jemandem Geld leihen, dann ist es wichtig zu prüfen, ob er das Geld auch wirklich zurückzahlen kann. Die Fähigkeit des Schuldners, seine Verpflichtungen zu erfüllen, nennt man Bonität.*"

▪ **Bonusschwelle:** Wenn bei einem Bonuszertifikat der Kurs niemals die Sicherheitsschwelle erreicht hat, dann sorgt der Bonusmechanismus dafür, dass am Laufzeitende der Nominalbetrag plus der vereinbarte Bonus zurückgezahlt wird.

*Berater:* „*Wenn bei Hochwasser die Krone des Damms nicht überschritten wird und der Damm hält, dann bleiben die hinter dem Damm Wohnenden vom Hochwasser verschont.*"

▪ **Cap:** Kursschwelle, die bei Discount-Zertifikaten den Wertanstieg nach oben begrenzt.

*Berater:* „*Es ist wie bei der elektronischen Höchstgeschwindigkeitsbegrenzung bei Autos auf maximal 250 km/h. Manche Autos könnten zwar schneller fahren, sind aber auf diese Geschwindigkeit begrenzt.*"

▪ **Discount:** Abschlag auf den aktuellen Kurswert

*Berater:* „*Sie kaufen ein neues Auto mit einem Rabatt = Abschlag auf den aktuellen Listenpreis.*"

▪ **Emittent:** Ein Emittent ist eine Gesellschaft, die Wertpapiere ausgibt. Der Emittent haftet auch für die Einhaltung der mit dem Wertpapier vereinbarten Rechte.

*Berater:* „*Genau so wie BMW ein Hersteller für Autos ist, ist die Credit Suisse ein Herausgeber von Wertpapieren.*"

■ **Emittentenrisiko:** Es ist das Risiko, dass der Emittent während der Laufzeit des Zertifikates zahlungsunfähig wird oder sich überschuldet. Dann droht dem Anleger ein Totalverlust. Deshalb ist es wichtig, auf die Bonität des Emittent zu achten.

Berater:     *„Wenn Sie ein Wertpapier kaufen, dann ist es wichtig zu prüfen, ob der Herausgeber des Wertpapiers das Geld auch zurückzahlen kann. Kann er das nicht, dann ist Ihr Kapital verloren."*

■ **Fälligkeitstag:** An diesem Tag erhält der Inhaber des Zertifikates eine Rückzahlung in Höhe des am Feststellungstag ermittelten Betrages.

Berater:     *„Wenn Sie einen Kredit aufgenommen haben, dann müssen Sie am Fälligkeitstag das Geld zurückzahlen."*

■ **Index:** Er ist eine Kennzahl, die z. B. die Entwicklung der Kurse von Wertpapieren, Rohstoffen oder anderen Basiswerten zum Ausdruck bringt. Er beschreibt die Grundtendenz des jeweiligen Marktes.

Berater:     *„Ein Index ist repräsentativ für die Entwicklung eines bestimmten Maktes oder bestimmter Werte. Die wohl bekanntesten Indizes sind*

            *1. Der Lebenshaltungskostenindex*

            *Er beschreibt, wie sich die Preise für wichtige Güter und Dienstleistungen der Lebenshaltung im Vergleich zum Vorjahr entwickelt haben*

            *2. Der Deutsche Aktienindex / DAX*

            *Er beschreibt die Kursentwicklung von 30 großen deutschen börsengehandelten Unternehmen."*

■ **Nennwert:** Es ist der zu Beginn der Zeichnungsfrist festgelegte Betrag für eine Einheit eines Zertifikates. Meistens haben die Zertifikate einen Nennwert von 100 Euro.

Berater:     *„Sie haben einen Tankgutschein über 20 Liter Diesel geschenkt bekommen. Somit ist der Nennwert 20 Liter. Der tatsächliche Wert ergibt sich am Einlösungstag durch den dann gültigen Dieselpreis."*

■ **Rating:** Einschätzung der Zahlungsfähigkeit eines Schuldners. Häufig werden die Ratings durch eigens hierauf spezialisierte Ratingagenturen vergeben.

Berater:     *„Wenn Sie jemandem Geld leihen, dann ist es wichtig zu prüfen, ob er das Geld auch wirklich zurückzahlen kann. Rating ist ein Einstufungsmodell, welches diese Zahlungsfähigkeit ähnlich einem Schulnotensystem darstellt."*

■ **Risikopuffer:** Unterschied zwischen dem aktuellen Kurs und der Sicherheitsschwelle.

Berater:     *„Es ist vergleichbar mit dem Sicherheitsabstand beim Autofahren. Je größer dieser ist, desto geringer ist das Risiko eines Unfalls."*

- **Sicherheitsschwelle:** Dieser auch als Kursschwelle bezeichnete Kurs darf während der Laufzeit niemals erreicht werden, damit der Bonusmechanismus eines Bonuszertifikates erhalten bleibt.

*Berater:* „*Es ist wie beim Autofahren: Da darf man niemals das Auto des anderen berühren. Falls doch, entsteht ein Schaden.*"

- **Zeichnungsfrist:** Ist ein vom Emittenten festgelegter Zeitraum, in dem das zu emittierende Zertifikat zu einem vorher festgesetzten Preis gezeichnet werden kann. Bei unerwartet hoher Nachfrage nach dem Zertifikat kann die Zeichnungsfrist vom Emittenten vorzeitig beendet werden.

*Berater:* „*Es ist ähnlich wie bei Sonderangeboten im Supermarkt. Sie gelten für einen bestimmten Zeitraum oder solange der Vorrat reicht.*"

## 7.4.3 Fachbegriffe und Beispielerläuterungen für Beteiligungen

- **Asset Allocation:** Die strategische Aufteilung des verfügbaren Kapitals auf verschiedene Anlageklassen wie z. B. offene und geschlossene Fonds, Obligationen und Geldmarktinstrumente. Die Anlagen können anschließend auf verschiedene Regionen und Währungen aufgeteilt werden.

*Berater:* „*Beim Essen geht es darum, auf eine ausgewogene Ernährung zu achten. Bei der Geldanlage ist es genau so wichtig, sich nicht nur einseitig auszurichten.*"

- **Beteiligungsgesellschaft:** Ein Anleger beteiligt sich mit seiner Kommanditeinlage entweder unmittelbar als Kommanditist oder mittelbar als Treugeber an der Beteiligungsgesellschaft, die in der Regel die Rechtsform einer GmbH & Co. KG hat. Diese wiederum investiert in das Investitionsobjekt.

*Berater:* „*Sie wollen zusammen mit vier anderen Personen ein Grundstück mit Obstbäumen kaufen. Eine Möglichkeit besteht darin, dass Sie das Grundstück direkt kaufen und jeder wird Teileigentümer. Eine andere Möglichkeit ist es, gemeinsam eine Firma zu gründen, die dann das Grundstück mit den Obstbäumen erwirbt. Das wäre dann eine Beteiligungsgesellschaft.*"

- **Blind Pool:** Ein Anlagekonstrukt, bei dem zum Zeitpunkt der Investition die konkreten Vermögenswerte und/oder die Investitionssumme noch nicht feststehen.

*Berater:* „*Sie haben mit vier anderen Personen beschlossen, dass Sie Grundstücke mit Obstbäumen kaufen wollen. Jeder hat dafür 20.000 Euro zur Verfügung gestellt. Jetzt suchen Sie geeignete Grundstücke. Wenn erst das Investitionsziel feststeht und anschließend das Kapital eingesammelt und nach den Investitionsobjekten Ausschau gehalten wird, spricht man von einem Blind-Pool-Konzept.*"

■ **Business Plan:** Geschäftsplan eines Unternehmens, in dem die Vorhaben, die Ziele und die Maßnahmen, um diese zu erreichen, aufgeführt und quantifiziert sind.

*Berater:*    *„Viele machen für ihre Urlaubsreise einen genauen Plan. Es wird festgelegt, wann weggefahren wird, wohin es geht, welches Budget zur Verfügung steht und wie es verwendet wird. Es wird geklärt, was in den Urlaubstagen gemacht wird. Vergleichbar ist das mit einem Business Plan."*

■ **Charterer:** Der „Mieter" eines Schiffes (Befrachter).

*Berater:*    *„Sie mieten bei einer Autovermietung ein Auto an. Damit sind Sie gewissermaßen der Charterer des Autos."*

■ **Charterrate:** Der Mietpreis für die Überlassung eines Schiffes, den der Eigner vom Charterer erhält. Er ist u. a. abhängig vom Schiffstyp, der Schiffsgröße und der Ausstattung des Schiffes. Weitere Einflussfaktoren sind das Fahrtgebiet, das vorhandene Angebot an Chartertonnage, die Marktsituation sowie die Dauer der Charter.

*Berater:*    *„Sie mieten ein Auto an. Abhängig von der Größe und Ausstattung des Fahrzeugs zahlen Sie einen bestimmten Mietpreis. Bei Schiffen spricht man an Stelle des Mietpreises von der Charterrate."*

■ **Core-Immobilien-Investment:** Immobilienvermögen, dessen Ertrag im Wesentlichen aus laufenden Mieteinnahmen erzielt wird. Core-Investments sind in der Regel voll vermietete Standardimmobilien mit langfristigen Mietverträgen und bonitätsstarken Mietern an zentralen Standorten. Über das Halten und Betreiben von gut vermieteten Immobilien über einen langen Zeitraum werden konstante Einnahmen erzielt.

*Berater:*    *„Wenn jemand ein Objekt vermietet, dann ist den meisten wichtig, dass der Vertrag möglichst lange läuft und zuverlässige Mieter jeden Monat die Miete überweisen. Wenn das bei einer Immobilie der Fall ist, dann spricht man von einem Core-Immobilien-Investment."*

■ **DBA (Doppelbesteuerungskommen):** Abkommen zwischen zwei Staaten zur Vermeidung der Doppelbesteuerung. Im DBA wird das Besteuerungsrecht für bestimmte Einkunftsarten zwischen den Staaten geregelt. Das Besteuerungsrecht wird für eine bestimmte Einkunftsart entweder dem Wohnsitzstaat des Steuerpflichtigen oder dem Quellenstaat der Einkünfte zuerkannt.

*Berater:*    *„Ein Landwirt aus Bayern bewirtschaftet auch Felder im Ausland und hat daraus Erträge. In einem Doppelbesteuerungsabkommen wird geregelt, ob und wie der Bauer diese Erträge im Ausland und/oder in Deutschland versteuern muss.*

■ **Diversifikation:** Die Streuung des Vermögens über verschiedene Anlageformen zur Senkung des Risikos und zur nachhaltigen Erzielung einer hohen Rendite. Im Gegensatz zum Investitionsrisiko, das mit einem einzelnen Investitionsobjekt verbunden ist, kann man mit einer Streuung in verschiedene Anlagen die bestehenden Risiken deutlich minimieren. Wenn sich unter mehreren Investitionen eine Anlage nun unterdurchschnittlich entwickelt, beeinflusst dies die Performance des gesamten Vermögens entsprechend weniger.

*Berater:*   *„Durch eine ausgewogene Ernährung vermeidet man Mangelerscheinungen und erhöht die eigene Leistungsfähigkeit. Diese Ausgewogenheit bei der Geldanlage heißt Diversifikation."*

■ **Exit:** Ausstieg eines Investors aus einer Beteiligung durch Veräußerung seines Anteils. Exitmöglichkeiten: Buy Back, Trade Sale, Secondary Purchase, Going Public.

*Berater:*   *„Sie haben vor einiger Zeit mit anderen Personen eine Firma gegründet und verkaufen jetzt Ihren Anteil."*

■ **Fungibilität:** Tauschbarkeit, Handelbarkeit oder auch Verfügbarkeit von Geldanlagen. Geschlossene Fonds sind in der Regel langfristige Investments, die schwierig bis gar nicht handelbar sind (siehe auch Zweitmarkt). Offene Fonds, z. B. Aktienfonds oder Dachfonds, sind meistens täglich veräußerbar.

*Berater:*   *„Wenn Sie eine Dose Pfirsiche kaufen, dann ist eine Dose wie die andere Dose, d. h. diese Dose Pfirsiche ist fungibel."*

■ **Investitions- und Finanzierungsplan:** Der Investitions- und Finanzierungsplan spiegelt die mit der Eigenkapitalplatzierung und der Realisierung des Gesellschaftszwecks verbundenen Investitionen und Aufwendungen wider. Er besteht immer aus der Mittelherkunft und der Mittelverwendung.

*Berater:*   *„Wenn Sie mit vier anderen Beteiligten ein Grundstück mit Obstbäumen kaufen wollen, dann legen Sie in einem Investitions- und Finanzierungsplan fest, wer wie viel Geld beisteuert, und was genau gekauft wird bzw. welche Kosten anfallen."*

■ **Kaufpreisfaktor:** Der Kaufpreisfaktor ist eine ökonomische Kennziffer, die Auskunft über die Höhe des Preises einer Immobilie gibt. Er errechnet sich aus dem Kaufpreis der Immobilie, dividiert durch die zum Erwerbszeitpunkt mit dem Objekt erzielte Jahresnettomiete.

*Berater:*   *„Für ein Grundstück mit Obstbäumen zahlen Sie 20.000 Euro. Aus dem Verkauf der Früchte erzielen Sie pro Jahr 2.000 Euro. Es dauert also 10 Jahre, bis Sie über den Verkauf der Früchte Ihr eingesetztes Kapital wieder bekommen. Sie haben in diesem Fall einen Kaufpreisfaktor von 10. Je niedriger der Kaufpreisfaktor, desto schneller haben Sie das investierte Geld wieder eingenommen"*

■ **Leistungsbilanz:** In der Leistungsbilanz werden die prognostizierten Werte der tatsächlichen wirtschaftlichen Entwicklung der Fonds einer Anlagegesellschaft gegenüber gestellt.

*Berater:*   *„Wenn jemand für einen Marathon trainiert, dann wird er sich einen Plan erstellen, zu welchem Zeitpunkt er welches Trainingsziel erreicht haben will. Der Vergleich der festgelegten Ziele mit seinen tatsächlichen Zeiten ist seine persönliche Leistungsbilanz."*

■ **Liquiditäts- und Ertragsprognose:** In der Liquiditäts- und Ertragsprognose werden die prognostizierten Einnahmen und Ausgaben der Fondsgesellschaft über die Laufzeit des Fonds dargestellt. Aus dieser Übersicht werden sowohl die geplanten Ausschüttungen an die Anleger als auch die Liquidität der Gesellschaft ersichtlich. Ebenso werden die steuerlichen Ergebnisse der Fondsgesellschaft erläutert, die die Grundlage der Besteuerung der Anleger sind.

*Berater:*   *„Sie haben ein Grundstück mit Obstbäumen gekauft. Pro Jahr erwarten Sie aus dem Verkauf von Früchten Einnahmen von 2.000 Euro. Jetzt legen Sie fest, wie viel Sie davon für Dünger und Pflege des Grundstücks ausgeben werden und welchen Teil der Einnahmen Sie als Ausschüttung für sich verwenden."*

■ **Liquiditätsreserve:** Kurzfristig verfügbare Mittel der Gesellschaft, die sofort zur Verfügung stehen und in der Investitions- und Betriebsphase für unvorhergesehene Ausgaben bereitgehalten werden.

*Berater:*   *„Der „Notgroschen" eines Unternehmens wird als Liquiditätsreserve bezeichnet."*

■ **Opportunity-Immobilien-Investments:** Während bei Core-Investments die Erträge vor allem aus der langfristigen Vermietung der Objekte generiert werden, steht bei Opportunity-Investments die kurz- bis mittelfristige Wertsteigerung der Objekte durch geeignete Wertschöpfungsmaßnahmen im Vordergrund.

*Berater:*   *„Sie gehen davon aus, dass in den nächsten Jahren die Nachfrage nach Grundstücken mit Obstbäumen steigen wird. Deshalb kaufen Sie ein Grundstück, das Sie mit Obstbäumen bepflanzen. Erfüllt sich Ihre Erwartung, werden Sie in den nächsten Jahren das Grundstück wieder mit Gewinn verkaufen können."*

■ **Private Equity:** Unter Private Equity versteht man die Beteiligung an Unternehmen, die in der Regel nicht börsennotiert sind. Dies können Unternehmen sein, die sich im Aufbau befinden oder auch bestehende Unternehmen, die Kapital zur Expansion benötigen. Die Beteiligungen werden meist nicht über die Börse gehandelt, sondern im direkten Kontakt mit den Unternehmen vereinbart. Deshalb auch das „Private" im Namen.

*Berater:*   *„Ihr lokaler Handwerksmeister benötigt Geld. Entweder geht er zur Bank oder er bietet Ihnen eine Beteiligung an seinem Betrieb an. Der Vorteil für Sie besteht darin, dass Sie von den Gewinnen des Unternehmens und von einer*

> *Steigerung des Firmenwertes profitieren. Jedoch tragen Sie auch ein unternehmerisches Risiko. "*

- **Sensitivitätsanalyse:** Darstellung der Auswirkung von nicht planbaren oder beeinflussbaren Einflussfaktoren auf die künftige Entwicklung der Wirtschaftlichkeit des Beteiligungsangebotes.

*Berater:* *„Sie kaufen ein Grundstück mit Obstbäumen und gehen davon, dass Sie bei normalen Bedingungen für 2.000 Euro Früchte ernten werden. Jetzt stellen Sie Überlegungen an, wie sich die Ernte entwickeln wird, wenn es den ganzen Sommer über nur regnet oder auch gar kein Niederschlag fällt. "*

- **Tonnagesteuer:** Der Begriff „Tonnagesteuer" vermittelt leicht ein falsches Bild. Es handelt sich nicht um eine eigenständige Steuer. Mit „Tonnagesteuer" wird im allgemeinen Sprachgebrauch der § 5a EStG bezeichnet, nach dem der Gewinn (die Bemessungsgrundlage) pauschal nach der Schiffsgröße ermittelt wird. In der Regel führt die Tonnagebesteuerung für den Anleger zu einer deutlichen Steuerentlastung gegenüber der herkömmlichen Gewinnermittlung.

*Berater:* *„Mit der Tonnagesteuer wird der für den Transport zur Verfügung stehende Raum besteuert. Die Tonnagesteuer pauschaliert und ist damit vom tatsächlichen Ergebnis der Investition unabhängig. Sie orientiert sich lediglich an der Schiffsgröße. "*

- **Track Record:** Erfolgs- und Erfahrungsgeschichte einer Beteiligungsgesellschaft bzw. eines Unternehmens und dessen Managements.

*Berater:* *„Es geht darum, welche Ergebnisse in der Vergangenheit bereits erzielt wurden. Bei einem Fußballverein ist das die Anzahl der Pokale, die dieser Verein schon gewonnen hat. "*

- **Venture Capital:** Beteiligung in der frühen Phase der Unternehmensentwicklung (Early-Stage). Im allgemeinen Sprachgebrauch wird überwiegend der Begriff Venture Capital verwendet, der dann auch Private Equity beinhalten kann.

*Berater:* *„Sie kaufen ein Grundstück mit jungem, nur wenige Jahre altem Obstbaumbestand. Wie viele Bäume tatsächlich Früchte tragen werden und wie hoch diese Erträge sein werden, ist noch offen. Sie haben die Chance auf einen überdurchschnittlich hohen Profit, allerdings tragen Sie auch in vollem Umfang das Risiko. "*

- **Vergleichsindex (auch: Benchmark oder Referenzindex):** Ein Vergleichsindex ist ein Vergleichmaßstab für die Wertentwicklung eines Fonds und dient der Messung des Anlageerfolgs.

*Berater:* *„Der durchschnittliche Mann in Deutschland ist rund 180 cm groß. Das ist die Referenzgröße, oder englisch: Benchmark, wenn man wissen will, ob man* *größer oder kleiner als der Durchschnitt ist. Solch eine Benchmark gibt es bei jeder Geldanlage, um einen Vergleich machen zu können."*

▪ **Zwischenfinanzierung:** Kurzfristiger Kredit zum Zweck der Vorfinanzierung, z. B. des noch nicht eingezahlten KG-Kapitals bei geschlossenen Fonds.

*Berater:*     *„Ihre Tante hat Ihnen zu Weihnachten 20.000 Euro als Geschenk versprochen. Sie möchten aber schon im August ein Auto für 20.000 Euro kaufen. Sie leihen sich also im August 20.000 Euro von einem Bekannten und versprechen, dieses Darlehen zu Weihnachten mit dem geschenkten Geld der Tante zurück zu zahlen."*

## Aufgabe:

Erstellen Sie für die 20 von Ihnen am häufigsten verwendeten Fachbegriffe und Sachverhalte eigene Beispiele.

# 7.5    Nutzenformulierungen

*„Nur vom Nutzen wird die Welt regiert."*

[Schiller]

Kein Mensch braucht ein Auto! Richtig! Kein Mensch braucht ein Auto!

Es geht immer um den Nutzen, den das Auto bietet. Dieser Nutzen kann aber aus der Sicht des Käufers ganz unterschiedlich ausfallen.

Was können solche Nutzen sein?

1. Ein Käufer möchte lediglich trocken von A nach B kommen, und das noch möglichst preiswert.

2. Ein anderer Käufer möchte trocken von A nach B kommen, und das möglichst schnell.

3. Ein weiterer Käufer möchte trocken von A nach B kommen, und die Menschen, die ihn sehen, sollen den Eindruck haben, dass er Erfolg hat.

4. Wieder ein anderer Käufer möchte trocken von A nach B kommen und dabei Menschen – vorwiegend des anderen Geschlechts – auffallen.

Wir könnten diese Liste noch beliebig weiterführen, aber das Nutzenprinzip ist damit klar, denn kein Mensch braucht ein Auto!

Wenn Sie als Berater erfolgreich sein wollen, dann müssen Sie die Merkmale eines Produkts so in die Sprache des Kunden übersetzen können, dass der Kunde die Vorteile dieser Merkmale erkennt. Der Nutzen, den er davon hat, muss ihm klar werden. Kaufen Sie etwas, damit nicht immer so viel Geld Ihr Konto belastet? Wohl eher nicht. Sie kaufen einen Artikel, weil er ein bestimmtes Merkmal hat, das Ihnen als ein Vorteil erscheint und einen Nutzen für Sie bedeutet.

Hierzu ein Beispiel: Ein Mantel ist aus winddichtem Stoff (Merkmal), das hat den Vorteil, dass er besonders gut wärmt. Der Nutzen ist, nicht zu frieren.

Was ist für die Merkmal–Vorteil–Nutzen–Argumentation wichtig?

1.  Ein Merkmal ist die Eigenschaft, die das Produkt hat.

*Berater:*   *„Dieser Hedgefonds investiert in 150 verschiedene Märkte."*

2.  Der Vorteil ist allgemeiner Vorteil für alle, die dieses Produkt kaufen.

*Berater:*   *„Dadurch erreicht dieser Hedgefonds eine breite Risikostreuung."*

3.  Der Nutzen ist der spezielle Vorteil für den Käufer.

*Berater:*   *„Dadurch reduzieren Sie Ihr Risiko im Vergleich zu einer Direktanlage."*


## Aufgabe:

Unterscheiden Sie, ob es sich um ein Merkmal, einen Vorteil oder einen Nutzen handelt.

1.  Die automatische Stummschaltung des Autoradios bei einem Anruf ermöglicht es Ihnen, ohne Hintergrundgeräusche zu telefonieren.

2.  Der Kaufpreis beinhaltet eine dreijährige Garantie.

3.  Ihrem Wunsch entsprechend hat dieser Laptop einen Akku, der auf eine Arbeitszeit von sechs Stunden ausgelegt ist.

4.  Die Entspiegelung des Monitors ermöglicht auch bei seitlichem Lichteinfall ein ermüdungsfreies Arbeiten.

5.  Ihnen ist es sehr wichtig, hochwertige Ersatzteile einzusetzen, um die Kosten für die Wartung zu verringern. Die von uns vorgeschlagenen Ersatzteile haben eine dreimal höhere Lebensdauer.

6.  Wir bieten unseren Kunden innovative Anlagekonzepte.

Bedenken Sie bei Ihrer Entscheidung: Ein Nutzen verdeutlicht dem potenziellen Kunden, inwieweit ein Vorteil seine konkreten Anforderungen erfüllt.

Hier die Lösung:

1. Vorteil

2. Merkmal

3. Nutzen

4. Vorteil

5. Nutzen

6. Merkmal

Damit Sie den Kunden nach dieser Systematik hervorragend beraten können, brauchen Sie für die Merkmale und Vorteile eine hohe Fachkompetenz (Kenne Dein Produkt!). Für die Nutzenargumentation ist eine ausführliche Bedarfsanalyse (Kenne Deinen Kunden!) notwendig.

Hilfreich bei der Nutzenargumentation sind **Verstärker**, wie

*Berater: „Durch diese Anlageentscheidung.....*

*... erhöhen Sie ihre Rendite...*

*... vermeiden Sie hohe Steuerzahlungen...*

*... vereinfachen Sie die Verwaltung Ihrer Geldanlagen...*

*... sparen Sie sich Verwaltungsaufwand...*

*... reduzieren Sie Ihre Risiken...*

*... schützen Sie sich vor Inflation...*

*... ergänzen Sie ideal Ihre bestehenden Anlagen...*

*... senken......ermöglichen...steigern...*

## Aufgabe:

Erstellen Sie für Ihre nächsten fünf Kunden eine Präsentation mit der Systematik „Merkmal–Vorteil–Nutzen".

## 7.6 Nutzen von Hedgefonds, Zertifikaten und Beteiligungen

> *„Man soll die Dinge so nehmen, wie sie kommen.*
> *Aber man sollte auch dafür sorgen, dass die Dinge so kommen,*
> *wie man sie nehmen möchte."*
>
> [Curt Goetz]

**Welchen Nutzen bieten Hedgefonds bei entsprechenden Kundenerwartungen?**

1. Hedgefonds streben eine – von der jeweiligen Marktlage unabhängige – absolute Rendite an. Sie orientieren sich bei der angestrebten Wertentwicklung nicht an einem Vergleichsindex (Benchmark).

2. Hedgefonds können durch ihre Anlagemöglichkeiten sowohl von fallenden als auch von steigenden Kursen profitieren.

3. Hedgefonds haben große Freiheiten bei ihren Investitionen. Sie agieren auf mehr als 200 Märkten und in allen Branchen. Sie können zusätzlich zu den klassischen Anlagen (Aktien, Renten, Immobilien usw.) auch in Rohstoffe, Beteiligungen und Derivate (Optionen und Futures) investieren. Darüber hinaus sind auch Leerverkäufe möglich.

4. Hedgefonds sind aufgrund ihrer geringen Korrelation zu traditionellen Anleihen-Aktien-Portfolios ein ideales Instrument zur Verbesserung des Chancen-/Risikoverhältnisses im Depot.

Gerade Hedgefonds werden in den Medien sehr kritisch diskutiert. Bezeichnungen wie „Heuschrecken" kennzeichnen die Berichterstattung in der Presse. Deshalb ist es wichtig, hier Fakten parat zu haben. Hier die wichtigsten Mythen und die dazugehörigen Fakten.

| Mythen und Vorurteile über Hedgefonds: | Die Fakten: |
|---|---|
| Hedgefonds sind hochspekulativ | Es gibt derzeit über 8.000 Hedgefonds weltweit in allen Risikoprofilen, von „Geldmarktfonds" bis „Optionsschein". Das durchschnittliche Risiko liegt jedoch unter dem Risiko von Standard-Aktien. |
| Hedgefonds sind mächtig und haben so viel Volumen, dass diese Märkte bewegen können | Das Volumen der Hedgefonds ist im Verhältnis zu den globalen Märkten eher klein. Aktuell beläuft sich das gesamte Hedgefondsvermögen auf ca. 1,4 Bill.US$. Verteilt auf ca. 8.000 Fonds sind das 175 Mio.USD je Hedgefonds. Der „normale" Templeton Growth Fund verwaltet aktuell über 18 Mrd. USD. |
| Alle Hedgefonds „hebeln" und verwenden Derivate | Der durchschnittliche Hebel liegt bei knapp 2x. Ca. 30% aller Hedgefonds verwenden gar keine Derivate und weitere 30% nur zur Absicherung. |
| Hedgefonds sind „Heuschrecken" und „saugen Unternehmen aus" | Nur ca. 4% aller Hedgefonds sind sogenannte „Aktivisten", die sich im eigentlich gemeinten Bereich „Private Equity" bewegen. Im Schnitt halten diese nur 6% des Aktienkapitals einer Beteiligung. Eine wesentliche Änderung der Geschäftspolitik kann also nur unter großer Zustimmung der Altaktionäre herbeigeführt werden. |

**Abbildung 24:** *Mythen und Vorurteile über Hedgefonds (1)*

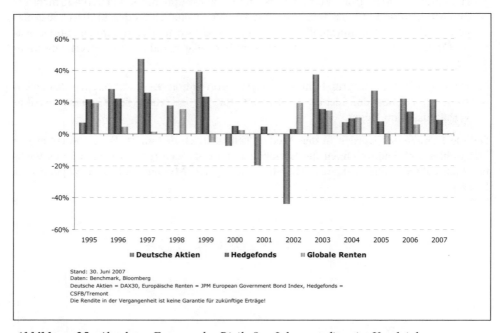

**Abbildung 25:** *Absoluter Ertrag oder Risiko? – Jahresrenditen im Vergleich*

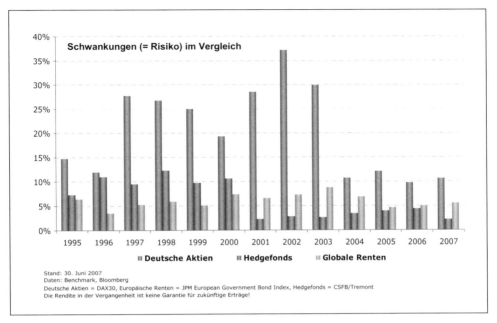

***Abbildung 26:*** *Wie riskant sind Hedgefonds und wie gefährlich ist der Hebel?*

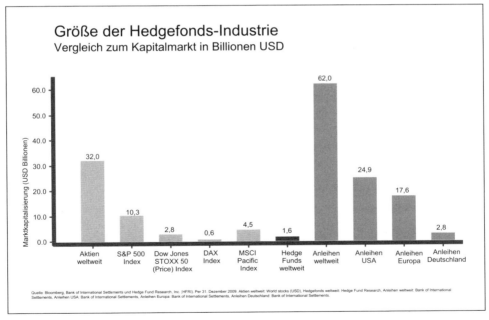

***Abbildung 27:*** *Sind Hedgefonds so mächtig, um Märkte zu bewegen?*

| Mythen und Vorurteile über Hedgefonds: | Die Fakten: |
|---|---|
| Hedgefonds sind intransparent und haben keine Risikokontrollen | In Deutschland sind 100% aller Hedgefonds reguliert. In Europa fließen immerhin noch 86% der Gelder in regulierte Fonds. So untersteht der größte Anbieter, die britische Man Group beispielsweise 20 Aufsichtsbehörden in 15 verschiedenen Ländern. In den USA ist der Markt noch am wenigsten reguliert. Dort müssen sich ca. 70% der Fonds zumindest bei der Aufsichtsbehörde SEC registrieren lassen. Die aktuelle Diskussion um Regulierung bezieht sich neben Hedgefonds insbesondere auf eine globale Kontrolle von „Produkt-Verpackungen". |
| Die starken Mittelzuflüsse haben zu einer „Blase" bei Hedgefonds geführt | Es gibt eine Vielzahl von Hedgefonds-Strategien, die an nahezu allen Märkten der Welt in verschiedensten Anlageklassen und unterschiedlichen Richtungen (Long/Short) eingesetzt werden. Der „Markt" der Hedgefonds im eigentlichen Sinne existiert daher nicht. Eine allgemeine „Blase" bei Hedgefonds kann also nicht entstehen. |

*Abbildung 28: Mythen und Vorurteile über Hedgefonds (2)*

**Welchen Nutzen bieten Zertifikate bei entsprechenden Kundenerwartungen?**

Bei einem Zertifikat handelt es sich um ein Wertpapier, mit dem der Inhaber an der Wertentwicklung eines Basiswertes, der dem Zertifikat zugrunde liegt, teilhat. Der Anleger kann mit Zertifikaten auf steigende, fallende oder seitwärts tendierende Kurse des Basiswertes setzen. Außerdem hat er die Möglichkeit, mit nur einem Produkt eine Vielzahl von Basiswerten einzubeziehen oder in einen Index zu investieren. Zertifikate sind Inhaberschuldverschreibungen, die von Emittenten ausgegeben werden. Ihre Laufzeit ist begrenzt oder unbegrenzt.

Das Anlagemedium „Zertifikate" bietet für nahezu alle Anleger eine passende Möglichkeit, denn es gibt Zertifikate,

- die sehr konservativ ausgerichtet sind,
- die sehr offensiv ausgerichtet sind,
- die von steigenden Kursen profitieren,
- die von seitwärts tendierenden Märkten profitieren,
- die von fallenden Märkten profitieren.

## Aufgabe:

Welche Zertifikate bieten Sie Ihrem Kunden an?

1. bei steigender Markteinschätzung

2. bei seitwärts tendierender Markteinschätzung

3. bei fallender Markteinschätzung

**Welchen Nutzen bieten Beteiligungen bei entsprechender Marktentwicklung?**

Der Anleger beteiligt sich mit anderen Anlegern zusammen an einem oder mehreren Investitionsgegenständen. Dies hat folgende Vorteile:

1. Es besteht die Möglichkeit, sich mit vergleichsweise geringem Investitionsaufwand (in der Regel ab 10.000 Euro) an Millionenprojekten wie Gewerbeimmobilien, Schiffen oder Flugzeugen zu beteiligen.

2. Die Erträge sind meist unabhängig von den „klassischen" Aktien- und Rentenmärkten.

3. Er kann ohne großen Betreuungs- und Administrationsaufwand von renditestarken Investitionsmöglichkeiten profitieren.

4. Je nach Situation des Anlegers lassen sich steuerfreie oder steuerbegünstigte (z. B. durch Tonnagesteuer, Doppelbesteuerungsabkommen) Einkünfte erzielen.

5. Bei vielen Beteiligungen können Vorteile bei Schenkung- und Erbschaftsteuer in Anspruch genommen werden.

Oft wird es als Nachteil angesehen, dass Beteiligungen eine Laufzeit zwischen 5 und 20 Jahren, in der Regel ohne vorzeitige Verfügungsmöglichkeit haben. Für einen Anleger, der in erster Linie auf eine langfristige Rendite setzt, ist dies jedoch auch ein immenser Vorteil. Das Verhalten an den Aktienmärkten zeigt ganz deutlich, dass Anleger in schwierigen Börsenzeiten ihre Aktien – auch mit Verlust – verkaufen, um dann bei wieder gestiegenen Kursen neu einzusteigen. Dieses betriebswirtschaftlich nicht sinnvolle Verhalten ist nur mit der Psychologie des Anlegers zu erklären. Unter diesem Aspekt ist die meist fehlende Verfügungsmöglichkeit ein nicht zu unterschätzender Vorteil.

Ein weiterer wesentlicher Vorteil von Beteiligungen ist die Inflationsabsicherung durch die Investition in Sachwerte. Nachdem Geld ein Bewertungsmittel von Sachwerten ist, steigen diese bei Inflation im Wert.

Hier ein stark vereinfachtes Beispiel:

*Berater:*    *„Inflation ist kurz gesagt Geldentwertung. Angenommen, es gibt insgesamt fünf Stühle und fünf Münzen. Demnach ist eine Münze einen Stuhl wert. Wenn man jetzt fünf weitere Münzen prägt, dann gibt es insgesamt fünf Stühle und zehn Münzen. Eine Münze hat dann noch den Wert eines halben Stuhles bzw. ein Stuhl hat den Wert von zwei Münzen. Deshalb ist bei steigender Inflation eine Investition in Sachwerte sinnvoll. "*

*Berater:*    *„Welche Wirkung hat jetzt aber die Inflation auf die Kaufkraft des Geldes? "*

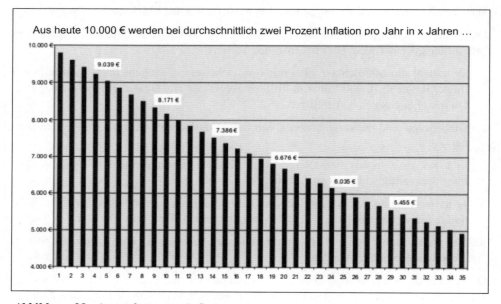

**Abbildung 29:** *Auswirkung von Inflation*

*Berater:*    *„Inflation kann, neben anderen Faktoren, auch durch Staatsverschuldung ausgelöst werden. "*

*Berater: „Wie hat sich die Staatsverschulung in der Vergangenheit entwickelt?"*

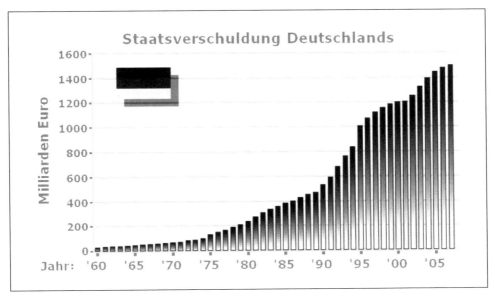

*Quelle: Statistisches Bundesamt und Wikipedia*
**Abbildung 30:** *Entwicklung der Staatsverschuldung Deutschlands von 1960 bis 2007*

*Berater: „Wie wird sich die Staatsverschuldung weiter entwickeln?"*

Dazu ein paar interessante Informationen:

- Schon jetzt ist der Schuldendienst die zweitgrößte Etatposition im Bundeshaushalt.

- Pro Stunde kommen ca. 3,5 Millionen Euro neue Schulden dazu.

- Laut Pressemitteilung vom Mai 2009 des Bundesfinanzministeriums wird der Bund im Jahr 2009 ca. 50 Milliarden Euro neue Schulden aufnehmen.

*Berater: „Staatsverschuldung kann über Rückzahlung der Schulden oder über Inflation verringert werden."*

*Berater: „Welche Bedeutung hat das Thema inflationsgeschützte Anlage unter diesen Aspekten für Sie?"*

Arbeiten Sie hier mit Visualisierungen.

Weitere – eher emotionale – Vorteile von Beteiligungen hat eine Studie des Trendbüros mit Sitz in Hamburg aus dem Jahr 2009 hervorgebracht. Hier Auszüge daraus:

## Klassische Anlagekriterien müssen neu interpretiert werden

Im Großen und Ganzen wägt man drei verschiedene Faktoren bei einer Anlageentscheidung gegeneinander ab. Rentabilität steht für das Ziel, das eingesetzte Vermögen zu vermehren. Liquidität bezeichnet die Möglichkeit, das eingesetzte Vermögen jederzeit als Bargeld verfügbar zu haben. Sicherheit bezeichnet den Kapitalerhalt des eingesetzten Vermögens, d. h. dass nach Ablauf des Investments mindestens die ursprüngliche Anlagesumme wieder ausbezahlt wird. Doch wo Sicherheit angeboten wurde, sahen sich Anleger oft enttäuscht. In ihrem Stimmungsbild werden die Ansprüche an die Vermögensanlage neu definiert.

**Wenn man den Anleger fragt, wird offensichtlich, dass eine Reihe weiterer Aspekte für ihn wichtig sind, um ein gutes Gefühl bei seinem Investment zu haben.**

Die Finanzmarktkrise hat gezeigt: Viele Anleger wissen gar nicht so genau, auf was sie sich bei ihren Investments eingelassen haben – und verspüren jetzt den Wunsch, besser Bescheid zu wissen, wo jeder Euro ihres Investments steckt. Das betrifft sowohl Gebühren, Aufschläge und Steuern als auch die eigentlichen Objekte, in die investiert wird. Transparenz spielt jetzt eine größere Rolle als zuvor.

Viele Anleger haben das Gefühl, sich nur schwer einen Überblick über die Vielzahl an Möglichkeiten verschaffen zu können. Kurze und verständliche Informationen über die verschiedenen Alternativen sind entscheidend – und vor allem, was sie in der individuellen Situation für den Anleger bedeuten. So lauten die Anforderungen an eine zuverlässige, ehrliche Beratung. Nur so können sichere Entscheidungen getroffen werden.

Während die Welt um uns herum immer digitaler und abstrakter wird, entsteht eine neue Sehnsucht nach dem Realen, Echten. In einer Welt der Nullen und Einsen gewinnen konkrete, (be-)greifbare Dinge wieder an Wert – auch und insbesondere in finanziellen Angelegenheiten. Reale Anlageobjekte stehen für Beständigkeit, die gerade in turbulenten und unberechenbaren Zeiten für viele Anleger wichtiger denn je wird.

Der moderne Anleger möchte sowohl vernetzt als auch unabhängig agieren können. Das heißt, er möchte die Vorteile des globalen Marktplatzes nutzen und gleichzeitig möglichst viel Kontrolle über sein Investment behalten. Unabhängigkeit und Selbstbestimmung werden für viele Anleger zu Schlüsselkriterien. Anleger ziehen Investments vor, die ihnen größtmögliche Kontrolle und Flexibilität geben, z.B. indem auf das eingesetzte Vermögen jederzeit zugegriffen werden kann.

## Welche Anlagealternativen passen am besten zu diesen Anlegerbedürfnissen?

In einer Finanzwelt, in der auf nichts mehr Verlass ist, investiert man sein Vermögen lieber in handfeste, physisch existente Dinge. Sachwerte wie Immobilien, Schiffe etc. stehen für maximale Beständigkeit. Das Ideal eines Sachwertinvestments stellt für viele die selbst genutzte Immobilie dar. Als Nachteil werden die relativ hohe Geldsumme, die für ein solches Investment notwendig ist, genannt sowie die relativ geringe Liquidität.

Eine aktuelle Studie bestätigt, dass sich Anleger eine verständliche und transparente Beratung wünschen, die sich an ihren Ziele und Wünsche orientiert. Es geht weiterhin daraus hervor, dass die Sensibilität für (gut erklärte) Sachwertanlagen gestiegen ist.

## 7.7    Überzeugungswirkung steigern

> *„Wenn ich die Menschen gefragt hätte, was sie wollen,*
> *hätten sie gesagt, ‚schnellere Pferde‘.“*
>
> [Henry Ford]

Kunden erkennen die Vorteile Ihrer Angebote nicht immer von allein. Deshalb ist eine überzeugende Präsentation notwendig. Beherzigen Sie die folgenden 13 Grundregeln und Sie werden eine deutliche Steigerung Ihrer Wirkung erreichen.

### 1.  Sprechen Sie Ihren Kunden mit Namen an.

Kein Wort hört der Kunde so gern. Kein Wort steigert seine Aufmerksamkeit so stark. Deshalb sprechen Sie Ihren Kunden mit Namen an. Damit zeigen Sie ihm, dass Sie ihn als Person wahrnehmen und schätzen. Die Frage nach dem wie oft beantworte ich gern: Lieber einmal zu viel als einmal zu wenig.

### 2.  Halten Sie Blickkontakt.

Durch den direkten Blickkontakt erhöhen Sie die Aufmerksamkeit des Kunden. Sie steigern die Wirkung Ihrer Worte. Je wichtiger eine Aussage oder ein Argument, desto länger sollte der Blickkontakt dauern. Außerdem wird mangelnder Blickkontakt oft als negativ (Desinteresse, Herabwürdigung oder auch Schüchternheit) empfunden.

### 3. Achten Sie auf Ihre Körpersprache.

Sind Sie mit dem Kunden auf Augenhöhe? Sind Sie dem Kunden zugewandt? Drohen Sie dem Kunden mit dem Zeigefinger?

### 4. Achten Sie auf die Körpersprache des Kunden.

Hält er Blickkontakt zu Ihnen und achtet er auf Ihre Unterlagen, oder schweift sein Blick durch den Raum? Ist er Ihnen „zugeneigt"? Sind die Arme verschränkt oder offen? Runzelt er die Stirn?

### 5. Visualisieren Sie.

Sie verkaufen Leistungsversprechen, also abstrakte und unsichtbare Produkte. Deshalb machen Sie die Vorteile sichtbar. Erarbeiten Sie mit dem Kunden nachvollziehbar und verständlich die komplexen Zusammenhänge. Überzeugen Sie dabei Ihren Kunden mit Bildern, Charts und plakativen Beispielen. Personalisieren Sie die Präsentationsunterlagen, indem Sie Notizen für den Kunden darin machen. Heben Sie die wichtigsten Punkte mit einem Textmarker hervor.

### 6. Verwenden Sie überzeugungssteigernde Sprachmuster.

Gerade wenn der Kunde am Anfang recht verhalten reagiert, dann geht es darum, ihn für das Gespräch und die Präsentation zu gewinnen. Hier haben Sie mit einer Kombination aus der „Es ist ganz normal ..."-Methode in Verbindung mit der „Je mehr Sie …, desto (um so) ..."-Methode ein hervorragendes Instrument zur Steigerung der Aufmerksamkeit.

Berater:    *„Es ist ganz normal und richtig, wenn Sie am Anfang kritisch an das Thema Hedgefonds herangehen. Je mehr Sie sich jedoch mit diesem Angebot auseinandersetzen, desto deutlicher werden Sie die Vorteile erkennen."*

Eine weitere Möglichkeit ist die Kombination der Lemming-Methode in Verbindung mit der „Je mehr Sie…, desto (um so)"-Methode. Die Lemming-Methode macht sich den Herdentrieb des Kunden zu nutzen, denn was viele tun, kann nicht (ganz) verkehrt sein.

Berater:    *„Viele meiner Kunden waren am Anfang bei dem Thema Hedgefonds sehr kritisch. Je mehr sie sich jedoch mit diesem Angebot auseinandergesetzt haben, desto interessierter wurden sie."*

Arbeiten Sie mit einem „eingebetteten Befehl" in Verbindung mit einer fremden Autorität. Hier übernimmt „die Autorität" die konkrete Handlungsaufforderung. Der Kunde bringt in diesem Fall die Anweisung nicht direkt mit dem Berater in Verbindung und fühlt sich somit nicht bevormundet.

Berater:    *„Herr Kunde, mir fällt gerade etwas ein, was meine Mutter immer gesagt hat: Hör es Dir doch erstmal an, danach kannst Du immer noch entscheiden."*

Lenken Sie die Aufmerksamkeit des Kunden gezielt durch die „Ein Kunde hat mich mal gefragt…"-Methode auf wichtige Punkte.

*Berater:*     *„Ein Kunde hat mich mal gefragt, warum sich Beteiligungen ideal zur Vermögensstreuung in einem Depot eignen. Das ist ganz einfach erklärt….."*

Bei mangelndem Interesse können Sie auch die „Es ist ganz normal…"-Methode mit der „Wie viel/Wie oft…."-Methode kombinieren. Diese Methode nutzt die Tatsache, dass ein Teil der Menschen bei Neuerungen anfänglich eher zögerlich reagiert, sich dann aber von den Vorteilen überzeugt bzw. überzeugen lässt.

*Berater:*     *„Herr Kunde, es ist ganz normal, dass Sie bei dem Thema Beteiligungen kritisch reagieren, aber gestatten Sie mir eine Frage: Wie viele Sachen nutzen Sie heute ganz selbstverständlich, die Sie am Anfang kritisch betrachtet haben?"*

Schauen Sie mit dem Kunden am Anfang des Gesprächs auch einfach mal in die Zukunft mit der „Je mehr… desto (um so)"-Methode.

*Berater:*     *„Herr Kunde, je mehr Sie über Beteiligungen erfahren, desto deutlicher wird Ihnen, dass diese Anlage ideal zur Ihren Anlagezielen passt."*

## 7. Arbeiten Sie mit einer klar strukturierten Präsentation.

Präsentieren Sie so, dass der Kunde einen „Roten Faden" erkennt und die einzelnen Punkte logisch und schlüssig aufeinander aufbauen. Berücksichtigen Sie das Motto „So viel wie notwendig (für ein Verstehen der Anlage), so wenig wie möglich (Details)" und arbeiten Sie das Kapitel 7.8 intensiv durch.

## 8. Fragen Sie Ihren Gesprächspartner nach seiner Meinung.

Niemand kennt die zukünftige Entwicklung an den Anlagemärkten. Deshalb fragen Sie den Kunden nach seiner Einschätzung. Menschen stellen vieles in Frage, aber sehr selten ihre eigenen Aussagen. Deshalb klären Sie die Position des Kunden.

Merke: Der Kunde kann sich gegen jedes Argument wehren, aber er ist machtlos seinen eigenen Aussagen gegenüber.

Beachten Sie, dass es sich bei dem Trieb „Ich habe Recht" um den wohl stärksten Antrieb handelt. Dieser ist stärker als der Selbsterhaltungstrieb. Wie sonst wäre es erklärbar, dass Menschen in den Krieg ziehen (mit dem Risiko getötet zu werden), um für ihre Überzeugungen oder die vorherrschende Überzeugung ihres Staates (ich/wir haben Recht) zu kämpfen? Deshalb ist auch eine intensive Bedarfsanalyse der Schlüssel zum Erfolg. Erst dann wissen Sie, welche Argumente auf fruchtbaren Boden fallen.

Fragen Sie außerdem nach jedem Punkt, den Sie erläutert haben, wie der Kunde dazu steht. Das erscheint auf den ersten Blick aufwendig, hat aber drei überragende Vorteile:

■ Sie haben die Sicherheit, dass jedes Argument verstanden wurde.

■ Sie haben eine Orientierung, wie der Kunde zu diesem Punkt steht.

■ Sie haben die Sicherheit, dass der Kunde Ihnen noch folgt.

### 9. Formulieren Sie positiv.

Sagen Sie lieber: „Da können Sie ganz zuversichtlich sein" statt: „Machen Sie sich keine Sorgen." Auch „Sie können beruhigt davon ausgehen, dass Sie eine gute Verzinsung erzielen werden." klingt freundlicher als „Sie brauchen keine Angst zu haben, dass Sie Verluste machen werden." Eine klare optimistische Aussage „Sie werden mit Ihrer Entscheidung voll und ganz zufrieden sein." ist besser als „Sie werden die Entscheidung nicht bereuen."

### 10. Verweisen Sie auf eine „höhere Instanz".

*„Wenn Du eine Idee weitergeben willst, wickle sie in eine Person ein"*, so ein Zitat des amerikanischen Bürgerrechtlers und Friedensnobelpreisträgers Ralph Johnson Bunch. Es gibt eine Vielzahl von Beweisen, dass sich Menschen von Autoritäten beeinflussen lassen. Zu den „Autoritäten" gehören Fachleute, Titel, Funktionen und Institutionen. Falls Sie die Wirkung von Autoritäten in Frage stellen, dann überlegen Sie doch mal, welches Gefühl Sie beschleicht, wenn ein Polizeiauto neben Ihnen fährt und das auch dann, wenn Sie gar nichts falsch gemacht haben.

### 11. Halten Sie „Beweise" bereit.

Untermauern Sie Ihre Aussagen mit Artikeln aus (Finanz-)Zeitschriften, dann werden Ihre Argumente schneller akzeptiert. Vielleicht kennen Sie aus einer Diskussion im privaten oder geschäftlichen Bereich die ungläubige Frage: „Wo soll das stehen?" Sobald Sie Ihr Argument schriftlich belegen können, wird es – wenn auch manchmal widerwillig – geglaubt.

### 12. Machen Sie glaubwürdige Komplimente.

Eine für den Kunden automatische Verhaltensweise ist es, positiv auf Komplimente zu reagieren. Dies funktioniert auch, wenn Ihr Kunde die Absicht dahinter erkennt, denn durch Komplimente, Anerkennung und positive Bestätigung wächst das Selbstwertgefühl. Trotzdem sollten Sie Ihrem Kunden ernst gemeinte Komplimente machen. Finden Sie wirklich nichts Positives bei Ihrem Kunden?

Dazu eine klare Aussage, die mir mal ein Trainer gesagt hat: „Wieso um Himmels Willen soll der Kunde mit Dir arbeiten wollen, wenn Du ihn, seine Art, seine Kleidung und auch sonst alles komplett ablehnst? Also such noch mal!"

**13. Betonen Sie Ihre Stärken.**

Entscheidend ist, dass der Kunde Sie kompetenter erlebt als die Mitbewerber. Deshalb stellen Sie Ihr Licht nicht unter den Scheffel, sondern kommunizieren Sie Ihre Stärken.

## Aufgabe:

Erstellen Sie einen Plan für die nächsten 13 Wochen, in dem Sie sich jeweils auf eine dieser 13 Grundregeln konzentrieren. Bitten Sie eine Person Ihres Vertrauens, Sie bei der Einhaltung dieses Plans zu unterstützen.

## 7.8 Struktur der Präsentation

> *„Gebraucht der Zeit, sie geht so schnell von hinnen.*
> *Doch Ordnung lehrt Euch Zeit gewinnen. "*
>
> [Johann Wolfgang von Goethe]

Bauen Sie die Präsentation für den Kunden einfach und logisch nachvollziehbar auf. Arbeiten Sie mit Bildern und vermeiden Sie Fachbegriffe. Erläutern Sie die Gesamtkonzeption und weitere Zusammenhänge, damit der Kunde die Chancen und Risiken der Anlage versteht.

Folgender Ablauf bei einer Präsentation steigert ihren Erfolg:

1. Starten Sie bei der Präsentation mit einem Bild oder einer Geschichte, um Emotionen zu wecken.

2. Erläutern Sie den grundsätzlichen konzeptionellen Aufbau der Anlage.

3. Gehen Sie darauf ein, warum das Marktumfeld dafür geeignet ist, die angestrebte Rendite zu erzielen.

4. Gehen Sie darauf ein, warum die konkrete Investition dafür geeignet ist, die angestrebte Rendite zu erzielen.

5. Selbstverständlich ist eine Investition in Hedgefonds, Zertifikate und Beteiligungen keine risikolose Anlage. Es gibt jedoch Risiko minimierende Faktoren. Welche sind das? (Erfahrung/Initiator/Sicherheitskonzepte/Vermögensstreuung etc.)

6. Erläutern Sie, wie diese Anlage unter den Aspekten der Bedarfsanalyse (Verfügbarkeit/steuerliche Aspekte/Inflationsschutz/Kosten) funktioniert.

7. Sortieren Sie die einzelnen Aspekte aus 6. nach der vom Kunden vorgegebenen Wichtigkeit.

8. Geben Sie dem Kunden vor der Präsentation einen Überblick über diesen Ablauf.

9. Erläutern Sie nach Abschluss die organisatorische Abwicklung.

Gerade bei Beteiligungen ist es aus haftungsrechtlichen Gründen sinnvoll, zwei Beratungsgespräche zu führen. Erläutern Sie dem Kunden das Angebot wie gerade beschrieben und klären Sie das grundsätzliche Interesse an dieser Beteiligung. Geben Sie dem Kunden den Prospekt mit und vereinbaren Sie jetzt einen konkreten Folgetermin. Um die Ernsthaftigkeit des Kundeninteresses abzuklären, lassen Sie sich einen (rechtlich unverbindlichen) Reservierungsschein unterschreiben. Damit erreichen Sie eine psychologische Bindung.

Die Struktur dieser Präsentation soll anhand eines Zertifikates aufgezeigt werden, dessen Wertentwicklung von einer von Hedgefonds genutzten Strategie abhängig ist. Zur Erleichterung der Musterpräsentation haben wir einen offenen und konstruktiven Kunden ohne Einwände. Mit Einwänden beschäftigen wir uns dann im Kapitel 7.9.

Vor der Präsentation haben wir eine genaue Bedarfsanalyse mit dem Kunden durchgeführt. Deswegen ist es jetzt wichtig, dem Kunden aufzuzeigen, dass unser Angebot ideal zu den Kundenerwartungen passt:

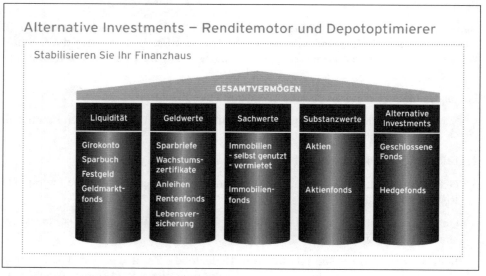

*Abbildung 31: Argumente für Alternative Investments*

*Berater:* „*Herr Kunde, ich habe eine sehr interessante Anlagevariante, die genau Ihren Erwartungen entspricht. Während die Anlagen in den ersten vier Säulen von Zins-, Aktien- und Immobilienmärkten abhängig sind, ist mein aktuelles Angebot unabhängig davon und stabilisiert somit Ihr „Finanzhaus". Was halten Sie von diesem Gedanken?"*

*Kunde:* „*Finde ich gut und wie funktioniert das?"*

Zeigen Sie dem Kunden jetzt den konzeptionellen Aufbau der Anlage auf.

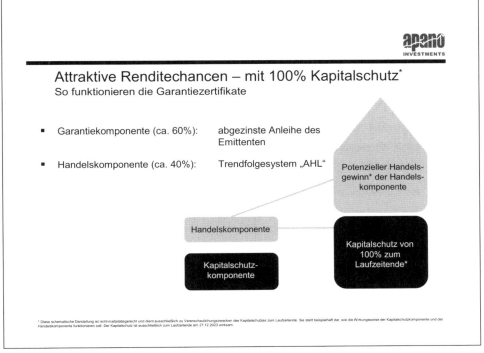

**Abbildung 32:** *Aufbau und Funktion der Global Futures Fund Garantiezertifikate*

*Berater:* „*Sie investieren in ein Garantiezertifikat von apano. Es werden etwa 60 Prozent Ihres Kapitals in ein abgezinstes festverzinsliches Wertpapier investiert. Abgezinst bedeutet, dass Sie am Ende der Laufzeit durch die Zinsen und Zinseszinsen mindestens Ihr eingesetztes Kapital wieder bekommen. Die Kapitalrückzahlung vom Emittenten garantiert. Diese wird von Analysten mit A bewertet. Der Grund für diese Bewertung liegt in der guten Finanzkraft des Emittenten. Weiterhin werden rund 40 Prozent Ihres Kapitals nach der bewährten AHL-Strategie investiert. Welche Fragen haben Sie hierzu noch?"*

*Kunde:    „Was steckt hinter dieser AHL-Strategie?"*

Der Erfolg des Garantie-Zertifikats von apano ist abhängig von der Entwicklung der AHL-Strategie.

### Die bewährte Handelskomponente – „AHL"

- Computerbasiertes Trendfolgesystem, gegründet 1987, Sitz in London. Berechnet Wahrscheinlichkeiten für Preistrends auf Basis historischer Daten

- Partizipation an Auf- und Abwärtstrends in über 140 Märkten (Aktien, Rohstoffe, Währungen, Zinsen, Energie, usw.)

- Entwickelt durch die 3 Physiker Michael **A**dam, David **H**arding und  Martin **L**ück. Kontinuierliche Forschung und Weiterentwicklung durch Man Investments.

- Betreutes Volumen von derzeit 21,1 Mrd. USD[1]

- Seit Gründung durchschnittlich zweistellige Renditen, auch bei fallenden Märkten und in Krisenzeiten.

[1] Stand: 31.03.2013. Quelle: Man Datenbank

**Abbildung 33:** *Die Handelskomponente – „AHL" der bewährte Renditemotor*

Oft haben Sie Verkaufsunterlagen, auf denen eine Vielzahl von Informationen zusammengefasst ist. Nehmen Sie deshalb einen Textmarker zur Hand und markieren Sie die wesentlichen Punkte.

*Berater:    „Die AHL-Strategie basiert auf einem Computerprogramm, das Trends an den verschiedenen Märkten frühzeitig erkennt. Dadurch können Sie von steigenden und auch fallenden Märkten profitieren."*

Kennzeichnen Sie jetzt noch die drei aus Ihrer Sicht wichtigsten Aussagen und erläutern Sie diese dem Kunden. Sie können dem Kunden auch noch vor Augen führen, welche Marktchancen insgesamt genutzt werden können:

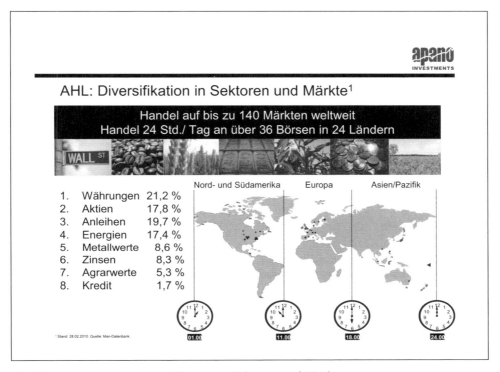

**Abbildung 34:** *AHL – Diversifikation in Sektoren und Märkte*

Berater:    „Herr Kunde, mit der AHL-Strategie nutzt Ihr Geld 24 Stunden weltweit die Chancen an den Anlagemärkten. "

Dann spielen Sie den Ball wieder an den Kunden.

Berater:    „Was interessiert Sie dazu noch? "

Eine nicht unwahrscheinliche Frage ist jetzt:

Kunde:    „Wie hat sich denn diese AHL-Strategie entwickelt? "

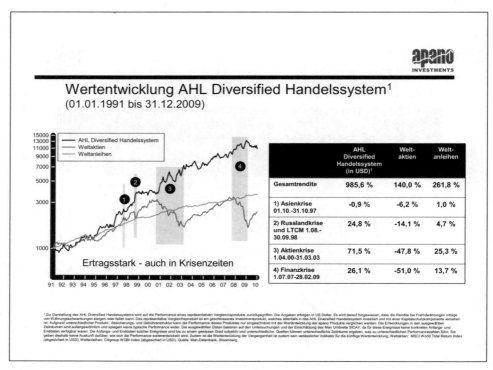

***Abbildung 35:*** *AHL – als „sicherer Hafen" in der Krise*

Berater:   „Die AHL-Strategie hat seit 1991 überdurchschnittliche Erträge erzielt. Im Vergleich zu Anlagen in Aktien und Anleihen wurden deutlich höhere Renditen erreicht. Wenn Sie sich die Krisenzeiten betrachten, dann wird deutlich, welche Vorteile diese Strategie hat. "

Auch hier gilt: Kennzeichnen Sie mit Textmarker noch die drei wichtigsten Aussagen und erläutern Sie diese dem Kunden. Klären Sie jetzt, wie der Kunde diese Wertentwicklung sieht.

Berater:   „Was halten Sie davon? "

Kunde:    „Hört sich gut an. "

Leiten Sie jetzt auf die nächste Folie über.

Berater:   „Wie am Anfang erwähnt, ist die Wertentwicklung des Garantiezertifikates von dieser AHL-Strategie abhängig. Jetzt ist es für Sie interessant, welche Erfolge bisher mit diesen Garantiezertifikaten erzielt wurden. "

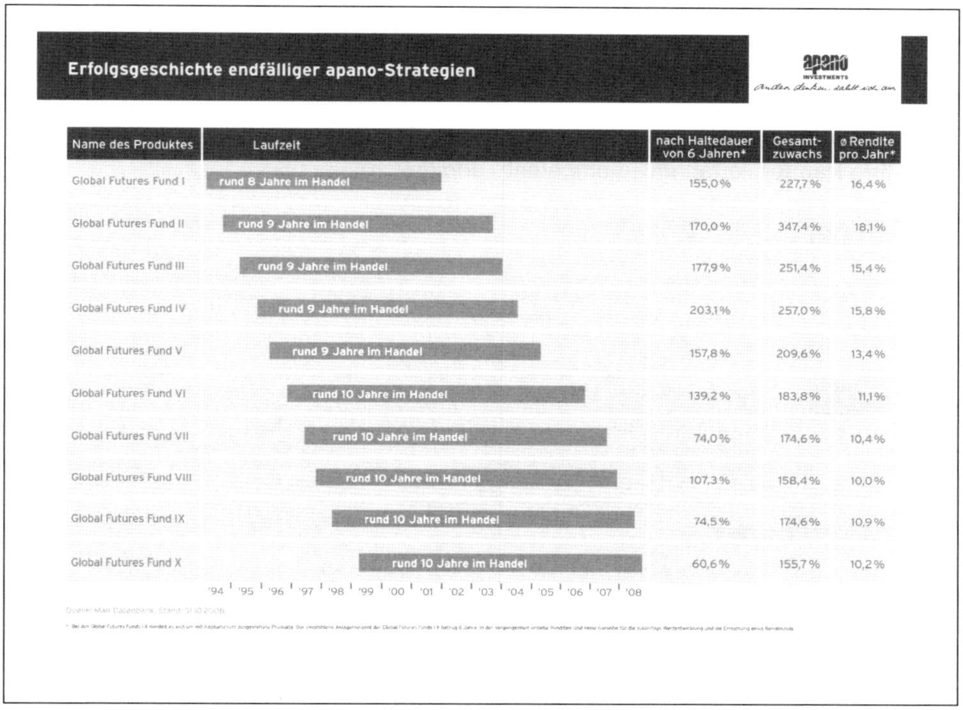

**Abbildung 36:** *Erfolgsgeschichte endfälliger apano-Strategien*

*Berater:* „*Die seit 1994 aufgelegten und bisherigen endfälligen Garantiezertifikate haben eine lückenlose Leistungsbilanz mit einer zweistelligen Rendite. Wie gefällt Ihnen das?*"

*Kunde:* „*Sehr gut*"

Sie schaffen Vertrauen und Verständlichkeit, wenn Sie jetzt anhand der Erwartungen aus Kapitel 5.3 („Was ist Ihnen bei einer Geldanlage wichtig") die einzelnen Produktvorteile präsentieren. Es geht um die Punkte:

- Sicherheit:

*Berater:* „*Eine Anlage in Garantiezertifikate mit der AHL-Strategie kann während der Laufzeit auch erheblichen Schwankungen unterliegen und ist keinesfalls als risikolose Geldanlage anzusehen. Es gibt aber Risiko minimierende Faktoren:*

　*1. Kapitalgarantie am Laufzeitende durch HypoVereinsbank*

　*2. Erfahrung und Seriosität der Partner*"

Erläutern sie jetzt die Erfahrungen der Partner.

Ihre Partner:  erfahren – kompetent - erfolgreich

apano bietet deutschen Anlegern seit Jahren innovative und renditestarke Anlageprodukte, die auf den erfolgreichen Handelsstrategien von Man Investments beruhen. Als ein nach dem Kreditwesengesetz lizenziertes Finanzdienstleistungs-institut wird apano durch die Bundesanstalt für Finanzdienstleistungsaufsicht (BaFin) beaufsichtigt. In Deutschland sind bereits über 30 Anlagekonzepte erfolgreich platziert worden. Bisher haben apano über 30.000 Kunden ihr Vertrauen geschenkt. Das Anlagevolumen beträgt aktuell rund 800 Mio. Euro[1]. Kontakt: apano GmbH, Lindemannstraße 79, 44137 Dortmund, Telefon 0800 - 40 41 010, service@apano.de, www.apano.de.

Man Investments ist die Asset Management Division der Man Group plc, deren Ursprünge bis in das Jahr 1783 zurückgehen. Die Gruppe beschäftigt weltweit rund 1.500 Mitarbeiter und ist in 14 Ländern vertreten.[1] Seit Gründung im Jahr 1983 hat Man Investments mehr als 500 alternative Anlageprodukte aufgelegt und verwaltet derzeit ein Anlagevermögen von 42,4 Mrd. US-\$.[1] Unter dem Dach von Man Investments sind mehrere Dach- sowie Einzel-Fondsmanager vereint. Die Man Group plc insgesamt setzt sich als größter bankenunabhängiger Anbieter von Hedgefonds-Produkten für größere Transparenz und eine sinnvolle Regulierung der Hedgefonds-Branche ein und ist im englischen Aktienindex FTSE 100 notiert. Damit unterliegt sie nicht nur der englischen Börsenaufsicht und der Finanzmarktaufsicht FSA, sondern auch noch 19 weiteren internationalen Aufsichtsbehörden in 15 verschiedenen Ländern.

### HypoVereinsbank
UniCredit Group

Emittentin ist die UniCredit Bank AG (vormals Bayerische Hypo- und Vereinsbank AG), und damit ein besonders starker Partner an Ihrer Seite. Die UniCredit Bank AG ist eine der größten privaten Großbanken in Deutschland mit rund 20.000 Mitarbeitern, 784 Geschäftsstellen und rund 4 Millionen Kunden. Sie ist Mitglied der UniCredit Group, die im Wirtschaftsraum Italien, Deutschland, Österreich und Zentral- und Osteuropa mit rund 166.000 Mitarbeitern, rund 10.000 Filialen und über 40 Millionen Kunden die führende Position einnimmt (Stand: 30.09.2009).

[1] Stand: 31.09.2009

*Abbildung 37: Ihre Partner – erfahren, kompetent, erfolgreich*

Fragen Sie wirklich nach jedem Punkt, ob das dann unter dem jeweiligen Aspekt für den Kunden so passt.

*Berater:    „Ist das unter dem Aspekt Sicherheit dann für Sie okay?"*

Selbstverständlich wird ein Kunde, der nach einem Jahr das Geld braucht und/oder überhaupt keine Schwankungen haben will, hier „Nein" sagen. Aber wollen Sie diesem Kunden wirklich Hedgefonds, Zertifikate und/oder Beteiligungen anbieten?

■ **Rendite**: Diese haben Sie im Rahmen der AHL-Strategie erläutert. Bei Bedarf können Sie die Folie „Erfolgsgeschichte" noch einmal zeigen, denn mit Wiederholungen bringen Sie Informationen ins Langzeitgedächtnis.

*Berater:    „Hier zeige ich Ihnen gern noch mal die Folie mit den bisherigen Wertent-*
*wicklungen. Gefällt Ihnen diese Renditeerwartung?"*

■ **Verfügbarkeit:** Es besteht eine Verfügungsmöglichkeit bereits nach eineinhalb Jahren. Diese sollte jedoch aufgrund der Schwankungen während der Laufzeit nicht im Vordergrund stehen. Deshalb sollte die Verfügbarkeit seiner liquiden Geldanlagen aus dem „Finanzhaus" herausgestellt werden.

Berater:   „Eine vorzeitige Verfügung ist bereits nach 18 Monaten mit einer Kündigungsfrist von einem Monat möglich. Bei Verfügungen innerhalb der ersten eineinhalb bis fünfeinhalb Jahre gibt es noch Abschläge auf den Kurswert von 2 bis 0,5 Prozent. Bei dieser Anlage sollte aufgrund der Schwankungen während der Laufzeit die Verfügbarkeit nicht im Vordergrund stehen. Der Anlagehorizont sollte mindestens sechs Jahre sein. Nach dieser Zeit können Sie ohne Kosten verfügen und Sie hatten bei diesen Anlagen in der Vergangenheit immer positive Rendite. Für vorzeitige Verfügungen eignen sich besser Ihr Sparbuch und das Geldmarktkonto. Ist das unter dem Aspekt der Verfügbarkeit dann für Sie in Ordnung?"

■ **Steuerliche Aspekte**: Den meisten Kunden ist es wichtig, dass die Erträge in ihre Tasche und nicht in die des Finanzamts fließen. Zeigen Sie die Vorteile Ihre Anlage deshalb deutlich auf.

---

### Steuerliche Vorteile der Global-Futures Fund Garantiezertifikate:

- Abgeltungssteuer:   Die Zertifikate werden erst am Ende der Laufzeit mit der sogenannten Abgeltungssteuer (25% vom Ertrag) besteuert.

- Stundungs-Effekt:   Da die Erträge erst bei Verkauf oder Fälligkeit versteuert werden, haben Sie einen Renditevorteil durch den bis dahin weiterlaufenden Zinseszins. Dieser fällt bei langer Haltedauer und hohen Erträgen sehr positiv ins Gewicht.

Hier ein Beispiel:

|  | Betrag |
|---|---|
| Zeichnungssumme | 10.000 € |
| Wertentwicklung p.a. | 10,00% |
| Haltedauer | 14 |
| Steuersatz | 26,38% |

| Jahr | Abgeltungsteuer | | bei Sofort-Steuer | | | |
|---|---|---|---|---|---|---|
|  | Kapital | Ertrag | Abgeltungsteuer | Kapital 2 | Ertrag | Steuer |
| 2010 | 10.000,00 € | 1.000,00 € | 0,00 € | 10.000,00 € | 1.000,00 € | 263,75 € |
| 2011 | 11.000,00 € | 1.100,00 € | 0,00 € | 10.736,25 € | 1.073,63 € | 283,17 € |
| 2012 | 12.100,00 € | 1.210,00 € | 0,00 € | 11.526,71 € | 1.152,67 € | 304,02 € |
| 2013 | 13.310,00 € | 1.331,00 € | 0,00 € | 12.375,36 € | 1.237,54 € | 326,40 € |
| 2014 | 14.641,00 € | 1.464,10 € | 0,00 € | 13.286,50 € | 1.328,65 € | 350,43 € |
| 2015 | 16.105,10 € | 1.610,51 € | 0,00 € | 14.264,71 € | 1.426,47 € | 376,23 € |
| 2016 | 17.715,51 € | 1.771,56 € | 0,00 € | 15.314,95 € | 1.513,50 € | 403,93 € |
| 2017 | 19.487,17 € | 1.948,72 € | 0,00 € | 16.442,52 € | 1.644,25 € | 433,67 € |
| 2018 | 21.435,89 € | 2.143,59 € | 0,00 € | 17.653,10 € | 1.765,31 € | 465,60 € |
| 2019 | 23.579,48 € | 2.357,59 € | 0,00 € | 18.952,81 € | 1.895,28 € | 499,88 € |
| 2020 | 25.937,42 € | 2.593,74 € | 0,00 € | 20.348,21 € | 2.034,82 € | 536,68 € |
| 2021 | 28.531,17 € | 2.853,12 € | 0,00 € | 21.846,34 € | 2.184,63 € | 576,20 € |
| 2022 | 31.384,28 € | 3.138,43 € | 0,00 € | 23.454,78 € | 2.345,48 € | 618,62 € |
| 2023 | 34.522,71 € | 3.452,27 € | 0,00 € | 25.181,64 € | 2.518,16 € | 664,17 € |
| 2024 | 37.974,98 € | 3.797,50 € | 0,00 € | 27.035,64 € | 2.703,56 € | 713,06 € |
| Gesamtertrag | 41.772,48 € | 31.772,48 € | 8.379,99 € | 29.026,14 € | 25.841,95 € | 6.815,81 € |
| Summe nach Steuer | 33.392,49 € | 23.392,49 € |  | 29.026,14 € | 19.026,14 € |  |

Vorteil für Sie:

4.366,35 €

**Abbildung 38:** Steuerliche Vorteile des Global Futures Fund Garantiezertifikats

Berater:   „Durch den Steuerstundungseffekt haben Sie bei einer Anlage von 10.000 Euro und einer angenommenen Rendite von 10 Prozent eine um etwa 1.700 Euro höhere Auszahlung als bei einer Anlage mit jährlicher Versteuerung der Erträge. Wie gefällt Ihnen das?

- **Vermögensstreuung:** *Berater: „Diese Anlage ergänzt Ihre bisherigen Anlagen ideal und stabilisiert – wie am Anfang besprochen – Ihr Finanzhaus. Wie sehen Sie das?"*

- **Inflationsschutz:** *Berater: „Es handelt sich um keine klassische Sachwertanlage. Wenn Sie aber in dieses Garantiezertifikat investieren, dann haben Sie durch die überdurchschnittliche Rendite einen Inflationsausgleich."*

Am Schluss der Präsentation fragen Sie noch: *„Was interessiert Sie noch?"* Falls der Kunde keine weiteren Fragen hat, dann geht es zum Abschluss.

Wenn Sie dem Kunden alle Aspekte des Angebotes aufgezeigt haben, dann ist es wichtig, ihn bei der Entscheidung zu unterstützen. In der Präsentationsphase haben Sie über Kontrollfragen geklärt, ob Sie das richtige Angebot gefunden haben. Deshalb stellt sich jetzt gar nicht mehr die Frage, ob der Kunde sich für Ihr Angebot entscheidet. Verhalten Sie sich genau so, als ob der Kunde die Entscheidung bereits getroffen hat.

Aus der Vielzahl der Abschlussfragen haben sich zwei Varianten bewährt:

**1. Die Alternativfrage: Es werden zwei Möglichkeiten zur Auswahl gestellt.**

*Berater:    „Möchten Sie 10.000 oder 15.000 Euro in diesen Fonds investieren?"*

**2. Die Umsetzungsfrage: Es geht um Einzelheiten der Umsetzung, z.B. von welchem Konto das Geld abgebucht werden soll.**

*Berater:    „Von welchem Konto soll der Anlagebetrag von 15.000 Euro abgebucht werden?"*

*Berater:    „Welchen Betrag möchten Sie investieren?"*

Wichtig bei den Abschlussfragen ist, dass das „Ob" gar nicht mehr zur Diskussion gestellt wird, sondern dass es nur noch um das „Wie" geht. Entscheidend ist es, nach diesen Fragen die Reaktion des Kunden abzuwarten. Nach der Abschlussfrage haben Sie die Stille, die eventuell entsteht, zu ertragen. Der einzige Druck, den Sie im Beratungsgespräch ausüben sollten, ist dieser Druck der Stille.

Nachdem der Kunde sich für die Anlageform entschieden hat, erläutern Sie ihm noch den weiteren organisatorischen Ablauf auf.

Selbstverständlich werden nicht alle Gespräche so einfach ablaufen. Es ist ganz normal, dass Sie jetzt noch kritisch sind, aber wenn Sie sich an diesem Gesprächsleitfaden orientieren, dann werden mehr Gespräche ohne Einwände laufen als Sie jetzt glauben.

## Aufgabe:

Erstellen Sie sich anhand einer von Ihnen derzeit zu verkaufenden Anlage einen Präsentationsleitfaden. Dieser sollte beinhalten:

1.  Wie präsentieren Sie den konzeptionellen Aufbau der Geldanlage?

2.  Wie präsentieren Sie die folgenden Punkte?

- Sicherheit
- Rendite
- Verfügbarkeit
- steuerliche Aspekte
- Zuzahlungsmöglichkeiten
- Inflationsabsicherung
- Vermögensstreuung
- Kosten
- organisatorischer Ablauf

# 7.9    Umgang mit Einwänden des Kunden

> *„Die Erfahrung ist wie eine Laterne im Rücken;*
> *sie beleuchtet stets nur das Stück Weg,*
> *das wir bereits hinter uns haben. "*
>
> [Konfuzius]

Im Kapitel 4.3 werden Einwände in der Kundenansprache, im Kapitel 9 Einwände in der Abschlussphase und im Kapitel 7.10 Einwände zum Preis behandelt. In diesem Kapitel geht es jetzt darum, die Einwände zu besprechen, die der Kunde noch während der Präsentation haben könnte.

Selbstverständlich bietet sich auch hier die Reframing-Methode zur Einwandbehandlung optimal an. Wenden Sie diese so oft wie möglich an. Auch wenn Sie jetzt noch kritisch sind, werden Sie bei Anwendung dieser Methode die Vorteile nach und nach erleben und künftig nicht mehr darauf verzichten wollen.

Schauen wir uns die Einwände noch einmal vor den unterschiedlichen Hintergründen an und betrachten zusätzliche Reaktionsmöglichkeiten:

**1.  Der objektive Einwand, z.B.:**

*Kunde: „Bei dieser Beteiligung kann ich während der Laufzeit von 18 Jahren nicht vorzeitig verfügen. "*

Die Aussage des Kunden ist richtig und stimmig. Geben Sie dem Kunden Recht, alles andere ist nicht sinnvoll. Gleichen Sie den zweifelsohne vorhandenen Nachteil durch entsprechende Vorteile und einen erweiterten Blickwinkel aus. Hier geht es in erster Linie um Rendite(-chancen) und die Verfügungsmöglichkeit von anderen vorhandenen Geldanlagen.

*Berater:* „*Da haben Sie Recht. Genau deswegen haben Sie hier eine höhere Rendite-chance und darüber hinaus Inflationsschutz. Damit Sie liquide bleiben, legen wir nur einen Teil Ihres Geldes so langfristig an.*"

**2. Der subjektive Einwand, z.B.:**

*Kunde:* „*Das ist mir alles zu kompliziert.*"

Diese Aussage ist aus Kundensicht richtig und stimmig. Zeigen Sie Verständnis und schaffen Sie Vertrauen, so dass sich diese Anlage für ihn bei einer weiteren Erklärung erschließt.

*Berater:* „*Ich verstehe Sie gut, dass diese Anlage am Anfang kompliziert erscheint. Welche Informationen brauchen Sie noch, um mehr Klarheit zu bekommen?*"

**3. Das Vorurteil**

*Kunde:* „*Alle Hedgefonds sind unseriös!*"

Vorurteile basieren auf Glaubenssätzen. Diese sind somit eine besondere Herausforderung für Sie als Berater. Gehen Sie hier auf den – wohl versteckten – Wunsch des Kunden nach Seriosität ein.

*Berater:* „*Verstehe ich Sie richtig, dass Sie sich nur für seriöse Anlagen interessieren?*"

*Kunde:* „*Ja.*"

*Berater:* „*Wie muss aus Ihrer Sicht eine Anlage sein, damit Sie diese als seriös einschätzen?*"

Jetzt können Sie anhand der genannten Erwartungen dem Kunden aufzeigen, warum diese Anlageform keinesfalls als unseriös einzuschätzen ist.

Wie wirksam dieses Reframing – als Herstellung eines neuen Zusammenhangs – ist, möchte ich anhand einer kleinen Geschichte verdeutlichen.

Sie sitzen in einer Straßenbahn. An der nächsten Haltestelle steigt ein Mann mit fünf Kindern ein. Die Kinder sind laut, belästigen die anderen Fahrgäste und der Mann sitzt teilnahmslos da. Was denken Sie?

Die meisten meiner Seminarteilnehmer denken in die Richtung, dass der Mann mal für Ordnung sorgen sollte. Sie werden langsam ungeduldig und vielleicht auch etwas genervt und deshalb sprechen Sie den Mann darauf an, dass er doch mal seine Kinder zur Ordnung rufen soll. Der Mann schaut Sie betroffen an und sagt. „Entschuldigen Sie bitte. Wir kommen aus dem Krankenhaus. Dort ist meine Frau gerade verstorben. Wir sind alle verstört, denn wir wissen nicht, wie es weiter gehen soll."

Was denken Sie jetzt?

Viele der Seminarteilnehmer äußern sich, dass Sie jetzt betroffen sind und sich selbst ärgern, dass sie den Mann in dieser Situation angesprochen haben.

Durch Reframing erreichen Sie, dass eine identische Situation durch einen neuen Blickwinkel anders erlebt wird.

## 4. Der Vorwand

*Kunde:*    *„Ich bleibe lieber bei meinen bisherigen Anlageformen.“*

Hier gibt es noch etwas, das noch nicht besprochen wurde, aber trotzdem für den Kunden entscheidungsrelevant ist. Dies müssen Sie durch gezieltes Nachfragen klären.

*Berater:*    *„Ihre Reaktion zeigt mir, dass es noch irgendetwas gibt, das Sie hindert, sich für diese Anlageform zu entscheiden. Was ist das?“*

Vermeiden Sie Fragen, die mit Warum, Wieso oder Weshalb beginnen. Es handelt sich um Rechtfertigungsfragen, die unangenehme Gefühle auslösen. Stellen Sie sich einfach folgende Situation vor: Sie werden zu Ihrem Chef gerufen und dieser beginnt das Gespräch. „Warum haben Sie…“. Erwarten Sie jetzt eher ein fettes Lob oder Kritik?

## 5. Der unsachliche Einwand

a)  *Kunde: „Sie bieten mir das doch nur an, um wieder gut zu verdienen.“*

b)  *Kunde. „Sie wissen doch auch nicht, wie sich die Aktienmärkte entwickeln.“*

c)  *Kunde: „Es wäre nicht das erste Mal, dass sich Ihre Tipps nicht wie geplant entwickeln.“*

Der Kunde treibt Sie vielleicht mit dieser Aussage in die Enge. Überprüfen Sie, ob die Kundenaussage nicht gerechtfertigt ist. Wenn Sie die Aussage persönlich betroffen macht, dann ist meist ein Funke Wahrheit darin. Bleiben Sie ruhig und souverän. Streiten Sie auf keinen Fall! Selbst wenn Sie die Diskussion gewinnen sollten, dann verlieren Sie doch den Abschluss oder sogar den Kunden. Behandeln Sie diese Entgegnungen wie objektive Einwände:

*zu a)*

*Berater:*    *„Selbstverständlich will ich an diesem Geschäft verdienen. Bei einem guten Geschäft profitieren beide. Deshalb lassen Sie uns prüfen, wo genau Ihre Vorteile bei dieser Anlage sind.“*

*zu b) und c)*

*Berater:*    *„Selbstverständlich kann keiner vorher genau wissen, wie sich die Anlagemärkte entwickeln. Deshalb ist eine breite Streuung, die sich an Ihrer Einschätzung und der Einschätzung von Analysten orientiert, wichtig. Zu einer breiten Streuung gehört auch diese Anlageform. Dadurch sind Sie von Marktschwankungen unabhängiger.“*

# 7.10   Preise erfolgreich verkaufen

*„Es ist unklug, viel zu bezahlen,*
*aber es ist noch schlechter, zu wenig zu bezahlen.*
*Wenn Sie zu viel bezahlen, verlieren Sie etwas Geld, das ist alles.*
*Wenn Sie dagegen zu wenig bezahlen, verlieren Sie manchmal alles,*
*da der gekaufte Gegenstand die ihm zugedachte Aufgabe nicht erfüllen kann.*
*Das Gesetz der Wirtschaft verbietet es, für wenig Geld viel Wert zu erhalten.“*

[John Ruskin]

Der Anlagemarkt ist ein klassischer Käufermarkt. Es gibt einen hohen Wettbewerb um die Gelder der Kunden und Geiz ist angeblich „geil“ und Handeln „in“. Teilweise agieren Wettbewerber mit Mondpreisen, um Marktanteile zu gewinnen. Zusätzlich zwingt der Gesetzgeber die Berater zu einer immer stärkeren Kostentransparenz. Deshalb ist es wichtig, sich mit den erfolgskritischen Themen „Preise verkaufen“ und „Preise verhandeln“ intensiv auseinander zu setzen.

## 7.10.1  Preisgespräche vermeiden

Je stärker Ihr Kunde von dem Anlageangebot überzeugt ist und je genauer er die Vorteile beurteilen kann, umso weniger wird der Preis in den Vordergrund treten. Wer etwas unbedingt haben will, der bezahlt auch den adäquaten Preis. Sorgen Sie also dafür, dass der Kunde den Wert Ihres Angebots als preiswert empfindet.

**1.   Kennen Sie die Bedürfnisse ihres Gesprächspartners.**

Welche Bedeutung haben für Ihren Kunden die Themen

■ Servicequalität?

■ persönliche Beziehung zum Kundenberater?

■ hohe Fachkompetenz des Beraters?

■ nachhaltige Betreuung?

## 2.  Kennen Sie Gründe, weshalb Ihr Preis höher als der Ihrer Konkurrenz sein muss?

Der Bierpreis beim Oktoberfest liegt bei rund 8 Euro pro Maß. Im Supermarkt kostet der Liter Bier weniger als 1 Euro. Der Grundnutzen „Bier trinken" ist identisch. Warum können dann auf dem Oktoberfest bei gleichem Grundnutzen deutlich höhere Preise verlangt werden, die dann auch anstandslos bezahlt werden? Oder haben Sie es schon mal erlebt, dass ein Oktoberfestbesucher erfolgreich mit der Bedienung über den Preis verhandelt hat?

Was veranlasst den Oktoberfestbesucher, einen deutlich höheren Preis zu akzeptieren?

- **Exklusivität:** Das Bier wird im Rahmen eines weltbekannten Volksfestes getrunken. = psychologischer Zusatznutzen

- **Service:** Der Wiesn-Besucher erlebt die besondere Atmosphäre im Bierzelt, das traditionell geschmückt ist. = Qualität und hochwertiger Service rund um das Produkt.

- **Person des Verkäufers:** Die Bedienungen servieren die Getränke in bayerischer Tracht, Dirndl oder Lederhose. = Auftreten der Mitarbeiter (Optik, Mimik, Gestik)

- **Das Unternehmen:** Die Festzelte der Brauereien vermitteln die seit Jahrhunderten bestehenden Werte wie Tradition und „Urgemütlichkeit" = Unternehmen steuert Image, Sicherheit und Qualität bei.

## Aufgabe:

Erarbeiten Sie zehn Gründe dafür, warum Sie einen höheren Preis als die Wettbewerber verlangen können. Beachten Sie dabei die vorgenannten Punkte. Falls Ihnen keine zehn Gründe einfallen, dann erzähle ich Ihnen, was mein Trainer dazu gesagt hätte: „Wenn Dir nicht mal zehn Gründe einfallen, warum der Kunde einen höheren Preis bezahlen soll, warum um Himmels willen soll er dann Deinen Preis akzeptieren?"

### 3.  Seien Sie klar positioniert.

Überlegen Sie, ob Sie bzw. wie weit Sie Preiszugeständnisse machen. Wenn Sie grundsätzlich keine Rabatte geben, werden Sie mit manchen Kunden nicht ins Geschäft kommen. Andererseits schließen Sie die anderen Geschäfte zu unrabattierten Preisen ab. Diese betriebswirtschaftliche Entscheidung müssen Sie für sich treffen. Beziehen Sie bei dieser Berechnung bitte auch ein, wie viele Geschäfte sie rabattiert haben, bei denen vielleicht ein Rabatt nicht unbedingt notwendig gewesen wäre.

### 4.  Verpacken Sie den Preis geschickt.

Wenn Sie den Preis nennen, dann verpacken Sie ihn am besten nach der Sandwichmethode: Zuerst nennen Sie einen wichtigen Nutzen der Anlageform, dann offen und direkt den Preis und anschließend wieder einen konkreten Nutzen.

Berater:    *„Bei dieser Anlage mit Inflationsabsicherung investieren Sie einen einmaligen Ausgabeaufschlag von fünf Prozent und einen jährlichen Depotpreis von 0,125 Prozent der Anlagesumme. Dafür kümmern wir uns komplett um die Abwicklung aller Formalitäten wie z.B. Depotauszüge und ich stehe Ihnen jederzeit für Fragen zur Verfügung."*

## 7.10.2 Preisverhandlungen erfolgreich führen

Was machen Sie, wenn Sie Ihren Preis nach der Sandwich-Methode gut verkauft haben und der Kunde reagiert wie folgt?

Kunde:      *„Das Angebot finde ich wirklich gut, aber die 5 Prozent Ausgabeaufschlag sind mir zu teuer."*

Erinnern Sie sich einfach an die Reframing-Methode zur Einwandbehandlung und interpretieren Sie die Kundenaussage:

Berater:    *„Verstehe ich Sie richtig, dass Sie sich fragen, ob das Preis-/Leistungsverhältnis dieses Angebotes passt?"*

Es wird Kunden geben, die jetzt wie folgt reagieren:

Kunde:      *„Nein, mir geht es darum, genau diese Anlage nur mit 2,5 Prozent Ausgabeaufschlag abzuschließen. Genau diesen Hedgefonds habe ich schon von einem anderen Berater vorgestellt bekommen und der hat mir zugesagt, dass er den Ausgabeaufschlag auf 2,5 Prozent reduziert."*

Diesem Kunden geht es nicht darum, wo er sein Geld anlegt und welche weiteren Zusatzleistungen er bekommt. Somit steht hier die Überlegung an, ob Sie mit diesem Kunden überhaupt in eine Geschäftsbeziehung treten wollen.

Klären Sie noch, ob es sich um einen Einwand oder einen Vorwand handelt.

Berater:    *„Gibt es außer dem Ausgabeaufschlag noch etwas, das Sie daran hindert, das Geld bei mir anzulegen?"*

Kunde:      *„Nein."*

Jetzt können Sie sicher sein, dass der Kunde „nur" noch eine gute Erklärung für den Preis braucht.

Ein optimales Preisgespräch lässt sich anhand einer Waage verdeutlichen:

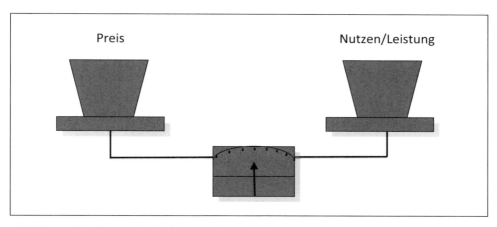

**Abbildung 39:** *Veranschaulichung zur Preisbildung*

Auf der einen Seite der Waage liegt der Preis, auf der anderen Seite der Nutzen, den der Kunde durch das Angebot erhält. Wenn der Kunde den Preis diskutiert, dann sieht er die Waage noch nicht im Gleichgewicht. Wenn der Preis jetzt durch einen Rabatt „leichter" gemacht wird, dann ist die Waage für den Kunden im Gleichgewicht. Nur für Sie als Berater ist die Waage im Ungleichgewicht.

Besser ist es, auf die Nutzenseite Argumente zu legen, damit die Waage auch aus Sicht des Kunden ins Gleichgewicht kommt. Was sind aber die wichtigsten Nutzen aus Kundensicht?

*Berater:*     *„Herr Kunde, mal abgesehen vom Preis, was gefällt Ihnen an dem Angebot besonders gut?"*

Jetzt nennt der Kunde die wichtigsten Kaufmotive.

*Kunde:*     *„Das Sicherheitskonzept und die Inflationsabsicherung."*

Erfragen Sie auch noch, welche Bedeutung für ihn die Beratung und Betreuung hat.

*Berater:*     *„Herr Kunde, welche Bedeutung hat für Sie eine fortlaufende Beratung und Betreuung?"*

*Kunde.*     *„Ist mir ganz wichtig, Sie wissen doch, dass ich kaum Zeit habe, mich um meine Finanzen zu kümmern."*

Jetzt klären Sie, worauf der Kunde am ehesten verzichten möchte.

*Berater:*     *„Auf welchen von diesen Aspekten wären Sie denn bereit zu verzichten?"*

Erfahrungsgemäß möchte der Kunde auf nichts verzichten und deshalb ist es auch legitim, dass Sie den vollen Preis verlangen. Schauen Sie dem Kunden bei der nächsten Aussage direkt in die Augen!

Berater:    *„Damit wir auch weiterhin eine gute Beratung und eine nachhaltige Kunden-*
            *betreuung sicherstellen können, arbeiten wir ohne Rabatte. Damit ist gewähr-*
            *leistet, dass wir auch in Zukunft den vollen Service bieten können."*

Leiten Sie jetzt gleich wieder in die Abschlussphase über.

Berater:    *„Herr Kunde, möchten Sie jetzt 10.000 oder 15.000 Euro investieren?"*

Kunde:      *„Kann man denn am Preis wirklich gar nichts machen."*

Vermeiden Sie ein klares „Nein", sondern nehmen Sie den Kunden noch mal „mit ins Boot".

Berater:    *„Wenn Sie auf keine Leistungen verzichten wollen, dann nicht."*

Vielleicht können Sie dem Kunden ja noch einen Gutschein oder sonst etwas zukommen lassen, damit er zumindest einen kleinen Verhandlungserfolg für sich verbuchen kann. Wenn Sie schon in den vergangenen Jahren Geschäfte mit Ihrem Kunden im Bereich Hedgefonds, Zertifikate und Beteiligungen gemacht haben, dann erfordern es die neue Gesetzgebung und die Rechtsprechung, dem Kunden die Kosten genauer zu nennen.

Nutzen Sie hier die psychologische Gegebenheit und Sie werden sich viele Diskussionen erleichtern: Was ist die wohl größte Angst, die ein Mensch bei Veränderungen hat? Richtig, die Angst, dass sich seine Situation verschlechtert. Durch die Offenlegung der Gebühren bleibt seine Situation aber unverändert im Vergleich zu vorher:

Berater:    *„Herr Kunde, der Gesetzgeber hat uns zu einer höheren Kostentransparenz*
            *verpflichtet. Durch diese Gesetzesänderung haben sich aber keine zusätzli-*
            *chen Kosten im Vergleich zu früher ergeben. Somit bleibt aus Kostensicht al-*
            *les wie bisher."*

Sie werden überrascht sein, wie viele Kunden sich durch diese Aussage beeinflussen lassen. Probieren Sie diesen Einstieg einfach mal aus, bevor Sie den Kunden jetzt ausführlich über die Preise informieren.

# 7.11   Risikobelehrung, ohne den Kunden zu verunsichern

*„Das war nicht ganz unrisikovoll."*

[Karl-Heinz Rummenigge]

Fehlerhafte mündliche Anlageberatung wird nicht durch zutreffende Risikohinweise im Verkaufsprospekt ausgeglichen.

Der Kläger verlangt von der Beklagten, einer Finanz- und Wirtschaftsberatungs- und Vermittlungs AG, Schadensersatz wegen fehlerhafter Anlageberatung in Zusammenhang mit dem Erwerb eines Anteils an einem geschlossenen Immobilienfonds.

Das Landgericht Mannheim hat der Klage stattgegeben, da ein Mitarbeiter der Beklagten seine Pflicht zur sachgerechten Beratung des Klägers schuldhaft verletzt habe, und hat die Beklagte zur Leistung von Schadensersatz verurteilt.

Mit ihrer Berufung zum Oberlandesgericht Karlsruhe hat die Beklagte geltend gemacht, dem Kläger sei der zutreffende und vollständige Prospekt über den geschlossenen Immobilienfonds (Dreiländerfonds DLF 94/17) vor der Beitrittserklärung übergeben worden und es habe hinreichend Gelegenheit bestanden, sich mit dem Inhalt des Prospektes zu befassen. Die Berufung der Beklagten blieb jedoch ohne Erfolg: Bei der Vermittlung und Beratung eines Beitrittes zu einem geschlossenen Immobilienfonds muss nach ständiger Rechtsprechung einem Anleger für seine Beitrittsentscheidung ein zutreffendes Bild über das Beteiligungsobjekt vermittelt werden, er muss über alle Umstände, die für seine Anlageentscheidung von wesentlicher Bedeutung sind oder sein können, insbesondere über die mit der angebotenen speziellen Beteiligungsform verbundenen Nachteile und Risiken zutreffend, verständlich und vollständig aufgeklärt werden. Das danach empfohlene Anlageobjekt hat diesen Kriterien Rechnung zu tragen. Es muss sich auf diejenigen Eigenschaften und Risiken beziehen, die für die Anlageentscheidung des Kunden wesentliche Bedeutung haben oder haben können. Die Fehler der Anlageberatung und also auch die Verfehlung des Beratungszieles muss der Kläger allerdings beweisen.

Nach der Beweisaufnahme steht fest, dass die Geldanlage der Altersvorsorge des Klägers dienen sollte und der Mitarbeiter der Beklagten es unterlassen hat, den Kläger darauf hinzuweisen, dass es sich bei dieser Fondsanlage um eine unternehmerische Beteiligung handelt, bei der nicht nur das Risiko schwankender Rendite, sondern auch das Risiko des Totalverlustes des Kapitals besteht. Die Beteiligung war für eine risikolose Altersvorsorge nicht geeignet.

Zwar kann nach der Rechtsprechung des Bundesgerichtshofs ein dem Anlageinteressenten statt einer mündlichen Aufklärung übergebener Prospekt über die Kapitalanlage allein als Mittel der Aufklärung genügen. Allerdings darf sich der Inhalt des Beratungsgespräches nicht in Widerspruch zum Prospektinhalt setzen und muss den Kunden jedenfalls in groben Zügen über die im Prospekt geschilderten Risiken informieren. Der Prospekt kann nicht Mängel oder Verharmlosungen des Anlagegesprächs ausgleichen, insbesondere dann nicht, wenn kein Hinweis darauf erfolgt, dass die Einzelheiten der Anlage auch hinsichtlich ihrer Risiken im Prospekt nachzulesen seien.

Darüber hinaus muss der Prospekt dem Anlageinteressenten so rechtzeitig vor dem Vertragsabschluss überlassen worden sein, dass er seinen Inhalt noch zur Kenntnis nehmen konnte. An dieser Voraussetzung fehlt es hier. Nach den Zeugenaussagen steht fest, dass der Kläger sein Beteiligungsangebot unmittelbar im Anschluss an das Beratungsgespräch unterzeichnete und bis dahin keine hinreichende Gelegenheit hatte, die jeweils dreispaltig gedruckten Prospekte von teilweise 92 Seiten rechtzeitig zur Kenntnis zu nehmen. Dass der Kläger dies möglicherweise in der vertraglich vereinbarten einwöchigen Widerrufsfrist tun kann, ändert daran nichts, denn der Widerrufsberechtigte muss vor Beginn der Widerrufsfrist sämtliche maßgeblichen Informationen für seine Anlageentscheidung kennen, um sich in Ruhe nochmals die Vor- und Nachteile des Geschäfts durch den Kopf gehen lassen zu können. Die Revision wurde nicht zugelassen.

Oberlandesgericht Karlsruhe, Urteil vom 28.06.2006 – 7 U 225/05 -

Selbstverständlich kann hier der Autor keine Rechtsberatung vornehmen. Es geht nur um eine rechtsunverbindliche Empfehlung. Wenn Sie

1. bei Ihrem Anlagevorschlag die konkreten Anlageziele und die persönliche Situation des Kunden berücksichtigt haben,

2. bei der Präsentation alle wichtigen Einflussfaktoren verständlich erläutert haben,

dann sollte der Kunde bei einer ausführlichen Darstellung der Risiken der Anlage nicht erschrecken.

Falls er es doch tut, dann überlegen Sie, ob Sie sich den Grundsatz „Im Zweifelsfall lieber eine andere Anlageform wählen" zu eigen machen wollen.

# 8. Hedgefonds, Zertifikate und Beteiligungen optimal ins Gesamtportfolio des Kunden einfügen

*„Das Ganze ist der Inbegriff,*
*nicht nur die Summe seiner Teile"*

[Hans Driesch, Ordnungslehre]

Bisher haben wir uns immer damit beschäftigt, wie Sie einen Kunden davon überzeugen, einen verfügbaren Anlagebetrag in Hedgefonds, Zertifikate oder Beteiligungen zu investieren. Jetzt beschäftigen wir uns mit dem Gesamtportfolio des Kunden. Die Ausgangssituation des Kunden haben wir bereits im Kapitel 5 ausführlich analysiert. Jetzt geht es darum, im Rahmen eines ganzheitlichen Portfolio-Managements die bestehende Anlagestruktur unter den Aspekten

1. Erhöhung der Rendite

2. Verringerung des Risikos durch Vermögensstreuung

3. Reduzierung der Kosten

durch gezielte Umschichtungen zu optimieren und optimal auf die Kundenbedürfnisse abzustimmen. Entweder Sie streben von Anfang an ein ganzheitliches Portfolio-Management an, oder Sie unterbreiten dieses Angebot nach dem Abschluss:

Berater:  *„Herr Kunde, was halten Sie davon, wenn wir gemeinsam prüfen, wie Sie mehr aus Ihren bestehenden Geldanlagen machen können?"*

Kunde:  *„Finde ich gut."*

Bei einem ganzheitlichen Portfolio-Management tritt die Bedeutung der einzelnen Geldanlage in den Hintergrund und es geht um die Entwicklung aller Anlagen in einer zusammengefassten Betrachtung.

Berater:  *„Herr Kunde, wir bieten ein spezielles Konzept, bei dem Ihre gesamten Anlagen optimal aufeinander abgestimmt werden. Hier geht es nicht um die einzelne Geldanlage an sich, sondern um eine Gesamtbetrachtung. Was halten Sie davon?"*

Kunde:  *„Das interessiert mich."*

# 8.1    Die Rolle von Hedgefonds im Portfolio

*„Erfolg ist der Sieg der Einfälle über die Zufälle. "*

[Harald Kremser]

Hedgefonds haben häufig eine geringe und in Zeiten sinkender Aktienmärkte eher negative Korrelation zum Gesamtmarkt, das heißt, sie können auch bei fallenden Märkten Gewinne erzielen und dadurch das Depot stabilisieren. Deshalb kann durch eine Beimischung von Hedgefonds die Effizienz eines Depots deutlich gesteigert werden.

Bei folgendem Schaubild wird davon ausgegangen, dass sich das „traditionelle Portfolio" zu 40 Prozent aus Anleihen und zu 60 Prozent aus Aktien zusammensetzt. In dem Koordinatensystem wird auf der waagerechten Achse das Risiko in Form der Schwankungsbreite und auf der senkrechten Achse die Rendite abgebildet.

Ziel ist es, durch eine Beimischung von Hedgefonds ein Portfolio zusammenzustellen, das ein optimiertes Chancen-/Risikoverhältnis aufweist.

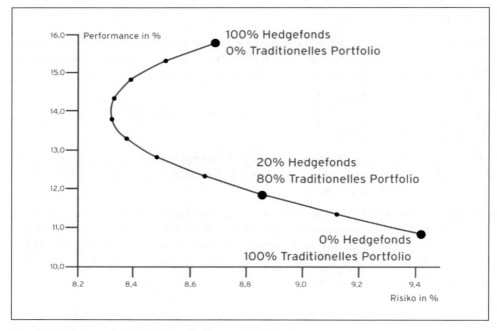

*Quelle: Bundesverband Alternative Investments (BAI)*
**Abbildung 40:** *Effizienzkurve eines Portfolios*

Anhand des Schaubildes wird ersichtlich, dass durch die Beimischung von Hedgefonds das Risiko in Form der Schwankungsbreite zurückgeht, während die Rendite steigt.

Es stellt sich die Frage, wie hoch sollte der Anteil an Hedgefonds im Depot sein. Wenn Sie von der Effizienzkurve ausgehen, dann wäre ein Anteil von 50 bis 60 Prozent möglich. Im Buch „Anlegen in Hedgefonds" wird eine Investitionsquote von 20 Prozent empfohlen. Wissenschaftliche Untersuchungen der Harvard Universität aus dem Jahr 1983 von Morton S. Baratz und Warren Eresian von 1986 und von Professor Schneeweis im Jahr 2002 bestätigen diese Quote von 20 Prozent. Dieses Beispiel zeigt, wie die Beimischung von 20 Prozent Hedgefonds in ein „Traditionelles Depot" aus 45 Prozent Weltaktien, 45 Prozent Weltanleihen und 10 Prozent Cash das Risiko-Ertrags-Verhältnis im Depot verbessert.

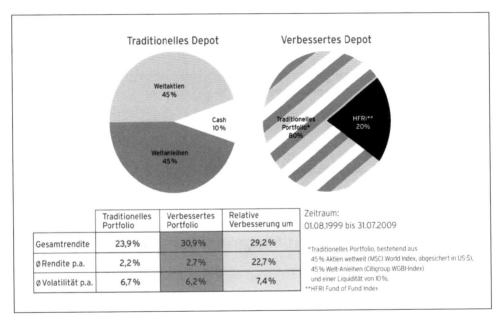

| | Traditionelles Portfolio | Verbessertes Portfolio | Relative Verbesserung um |
|---|---|---|---|
| Gesamtrendite | 23,9% | 30,9% | 29,2% |
| Ø Rendite p.a. | 2,2% | 2,7% | 22,7% |
| Ø Volatilität p.a. | 6,7% | 6,2% | 7,4% |

Zeitraum:
01.08.1999 bis 31.07.2009

*Traditionelles Portfolio, bestehend aus
45% Aktien weltweit (MSCI World Index, abgesichert in US-$),
45% Welt-Anleihen (Citigroup WGBI-Index)
und einer Liquidität von 10%.
**HFRI Fund of Fund Index

*Quelle: Man-Datenbank, Bloomberg; Angaben in US-$*
**Abbildung 41:** *Verbesserung der Portfoliostruktur*

Eine wissenschaftliche Studie des Instituts für Finanz- und Investitionsmanagement in München belegt, dass dieser positive Effekt nicht nur bei „Traditionellen Portfolios", bestehend aus Renten und Aktien, eintritt. Derselbe positive Effekt entsteht auch bei Depots, die bereits einen hohen Anteil in Beteiligungen investiert haben. Bei dieser im Jahr 2007 veröffentlichten Studie handelt es sich um die erste Untersuchung zur Wirkung von Hedgefonds in einem „Multi-Asset-Portfolio".

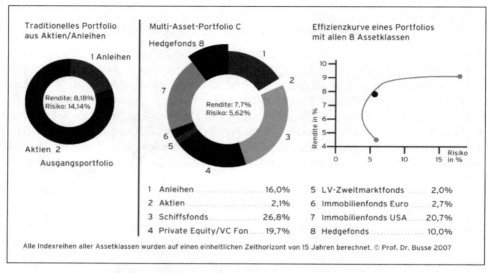

**Abbildung 42:** *Portfolio mit acht Assetklassen*

## Aufgabe:

Wie wollen Sie dem Kunden anhand der Schaubilder aufzeigen, wieso eine Beimischung von 20 Prozent Hedgefonds im Depot sinnvoll ist?

# 8.2   Die Rolle von Zertifikaten im Gesamtportfolio

*„Immer strebe zum Ganzen…"*

[Schiller]

Nachdem es eine Vielzahl von Zertifikaten mit unterschiedlichsten Ausprägungen gibt, ist eine allgemeingültige Aussage über die Auswirkungen im Gesamtdepot nicht generell möglich. Es ist jedoch offensichtlich, dass Kunden, die in Garantiezertifikate oder Zertifikate mit Risikopuffern investieren, damit das Risiko ihrer Anlagen verringern. Bei diesen Investitionen bleiben jedoch – wenn auch reduziert – Marktchancen erhalten.

# 8.3    Die Rolle von Beteiligungen im Gesamtportfolio

*„Jedes System muss als einheitliches Ganzes aufgefasst werden,*
*obwohl es aus mehreren, für verschiedene Zwecke spezialisierten*
*Strukturen und Teilfunktionen besteht."*

[Harold Chestnut, „Systems Engineering Tools"]

## Geschlossene Fonds erhöhen Rendite

Berechnungen des Busse Asset Optimizer zeigen, dass mit zunehmendem Anteil geschlossener Fonds am Gesamtvermögen die Schwankungsneigung des Portfolios ab- und der Renditeerwartungswert zunimmt. „Mehrere Studien meines Instituts belegen, dass für die Portfolio-Optimierung die Beimischung geschlossener Fonds unverzichtbar ist", sagt Professor Franz-Joseph Busse von der Fachhochschule München. Seine Begründung: Geschlossene Fonds haben nur eine geringe, gar keine oder sogar eine negative Korrelation mit Aktien und Anleihen. Das Idealdepot leitet Busse aus Vergangenheitsrenditen und Korrelationen ab. Der Experte empfiehlt Werte, die sich weitgehend unabhängig voneinander entwickeln. Das unter Rendite- und Risikogesichtspunkten sowie unter dem Aspekt der Fungibilität (Handelbarkeit der Anlageprodukte) derzeit optimale Depot enthalte rund 30 Prozent Anleihen, 15 Prozent Aktien und 55 Prozent geschlossene Fonds.

## Beimischung geschlossener Fonds unverzichtbar

Im Börsenhandel zeigt sich zunehmend eine gegenseitige Abhängigkeit innerhalb der Aktienmärkte und sogar zwischen Aktien und festverzinslichen Wertpapieren. „Die erwünschten Portfolio-Effekte können deshalb mit den traditionellen Anlageklassen nicht mehr erreicht werden", sagt Finanzexperte Busse. „Hier können Geschlossene Fonds eine herausragende Rolle übernehmen. Für die Portfolio-Optimierung ist die Beimischung solcher Beteiligungsmodelle daher unverzichtbar." Die umfangreichen Studien seines Instituts zeigen, dass Geschlossene Fonds kaum mit Aktien und Anleihen korrelieren. Datenbasis der Untersuchungen sind die Performance-Analysen der Beteiligungsmodelle über 15 Jahre. „Und fast noch wichtiger: Auch untereinander zeigen die verschiedenen Fondstypen weitgehend unterschiedliche Entwicklungen", ergänzt Busse. So haben etwa Schiffe einen anderen Zyklus als Immobilien, und Lebensversicherungszweitmärkte einen anderen als Private Equity.

**Empfohlener Anteil rund 40 Prozent**

In welchem Umfang nun das eigene Depot mit geschlossenen Fonds bestückt werden sollte, hängt vom Vermögen und der Liquidität des Anlegers ab. Denn die Beteiligungen haben
lange Laufzeiten, ein vorzeitiger Ausstieg ist selten möglich. Sie eignen sich daher eher als
Beimischung zum langfristigen Vermögensaufbau, die Liquidität sollte durch rasch handel-
bare Wertpapiere sichergestellt werden. Portfolio-Experte Busse empfiehlt dennoch bei
größeren Depots, in der Regel gut 40 Prozent der Kapitalanlagen in geschlossene Fonds
zu investieren – verteilt auf etwa vier bis fünf Branchensegmente

Quelle: www.focus.de 21.06.2008

Die nachfolgenden Schaubilder zeigen deutlich, dass geschlossene Fonds sich gerade in
Krisenzeiten „gut geschlagen" haben.

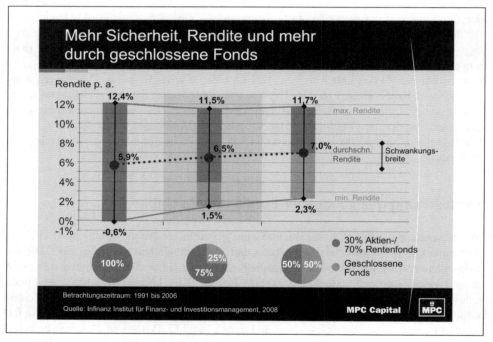

**Abbildung 43:** *Mehr Sicherheit und Rendite durch geschlossene Fonds*

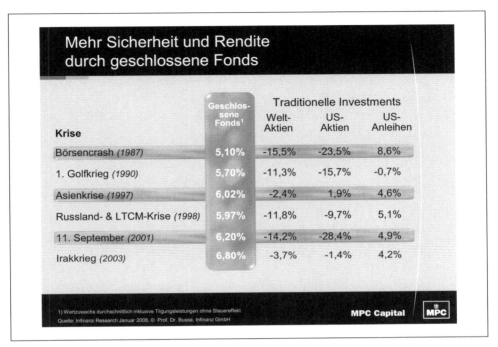

***Abbildung 44:*** *Mehr Sicherheit, Rendite und mehr durch geschlossene Fonds*

# 9.    Entscheidungen treffen

*Es ist besser, unvollkommene Entscheidungen durchzuführen,*
*als beständig nach vollkommenen Entscheidungen zu suchen,*
*die es niemals geben wird.*

[Charles de Gaulle]

Jeder zögert vor einer Entscheidung. Manche den Bruchteil einer Sekunde – andere ein Leben lang. Dies ist auch ganz normal, denn Entscheidungen

- sind immer ein Schritt ins Ungewisse, da es keine Garantie gibt, dass die getroffene Entscheidung zu 100 Prozent richtig ist

- für etwas sind immer auch Entscheidungen gegen viele andere Möglichkeiten

- machen den Menschen bewusst, dass er die Verantwortung für sein Leben trägt

- zwingen den Menschen, sich festzulegen

Das beliebte verzögernde „Ich kann mich noch nicht entscheiden" ist in Wahrheit eine Entscheidung für den Status quo. Wer sich im Restaurant bei der Vielzahl der Gerichte nicht entscheiden will, wählt damit – nicht ganz bewusst – hungrig zu bleiben. Genau deswegen ist es für Sie als Berater von hoher Bedeutung, den Kunden in dieser Entscheidungsfindung zu unterstützen.

## 9.1    Entscheidungshindernisse des Kunden

*„Wenn Du eine Entscheidung treffen musst und Du triffst sie nicht,*
*dann ist das auch eine Entscheidung."*

[William James]

Kunden reagieren in der Entscheidungsfindungsphase oft mir der Aussage: *„Das will ich mir noch mal überlegen."*

Diese Aussage kann sicherlich ein Zeichen von Entscheidungsunsicherheit sein. Es kann aber genauso gut sein, dass der Kunde diese Aussage nur vorschiebt und einen ganz anderen Grund hat. Dann handelt es sich um einen Vorwand. Wie oft haben Sie als Kunde beim Einkaufen die Aussage *„Ich will es mir noch mal überlegen"* verwendet und was war der tatsächliche Grund?

Es gibt verschiedene Möglichkeiten. Die vier Hauptgründe sind:

1. Sie haben etwas nicht richtig verstanden und wollten nicht (noch mal) nachfragen. In diesem Fall brauchen Sie einen Berater, der dies erkennt und dann die offenen Fragen ausführlich und verständlich klärt, damit Sie sich entscheiden können.

2. Sie bekamen ein Angebot, das nicht zu Ihren Erwartungen gepasst hat. In diesem Fall brauchen Sie einen Berater, der dies erkennt und Ihnen ein Angebot macht, dass genau zur Ihren Erwartungen passt.

3. Sie wollten noch einmal bei einem anderen Anbieter ein Angebot einholen. Wollten Sie wirklich bei einem anderen Anbieter „noch mal schauen“? Wollten Sie wirklich noch mal Zeit investieren und alles noch mal erzählen? Oder ging es Ihnen darum, sicherzustellen, kein schlechtes Angebot zu bekommen? Vielleicht wollten Sie „nur“ sicher sein, dass es sich um ein gutes Preis-/Leistungsverhältnis handelt.

4. Sie waren sich unsicher, ob Sie die Entscheidung so treffen sollten. In diesem Fall brauchen Sie einen Berater, der Ihnen die Sicherheit vermitteln kann, dass diese Entscheidung genau die richtige ist. Dieser Berater muss sich über die psychologische Situation im Klaren sein und sich genau darauf einstellen können. Wollten Sie wirklich mit Ihren Gedanken allein gelassen werden, oder hätten Sie gern jemanden an Ihrer Seite, der Ihnen dabei hilft, eine sinnvolle Entscheidung zu treffen?

## 9.2    Kunden zur Entscheidung führen

> *„Wer darauf besteht, alle Faktoren zu überblicken,*
> *bevor er sich entscheidet,*
> *wird sich nie entscheiden.“*
>
> [Henri Frédéric Amiel]

Überlegen Sie bitte noch mal, wie oft Sie mit der Bemerkung „Ich will es mir noch einmal überlegen“ ein Geschäft verlassen haben und einer der gerade aufgeführten Gründe war die Ursache dafür.

Wie können Sie jetzt also auf folgende Aussage reagieren?

*Kunde:*    *„Ich will es mir noch mal überlegen.“*

Zuerst sollten Sie klären, um welchen der vier Hauptgründe es sich handelt. Fragen Sie ganz offen und natürlich nach.

*Berater:*  „*Herr Kunde, es geht hier um eine finanzielle Entscheidung, die gut überlegt sein will. Wie müsste denn die Anlage sein, damit Sie sich gleich entscheiden können?*"

Falls Sie diese Aussage zu offensiv empfinden, erinnern Sie sich bitte daran, was Sie mit dem Kunden vereinbart haben. Falls die Anlage passt, dann legt er auch das Geld bei Ihnen an. Abhängig davon, um welchen der Hauptgründe es sich handelt, wird der Kunde jetzt entsprechend reagieren.

**Hauptgrund 1:** Kunde hat etwas nicht richtig verstanden. Hier kommt eine Aussage, die nicht zur erklärten Anlageform passt.

*Kunde:*  „*Bei der Anlageform zahle ich jedes Jahr fünf Prozent Gebühren. Das ist mir zu viel.*"

Bevor Sie jetzt in die Argumentation einsteigen, klären Sie bitte noch, ob es weitere Einwände gibt.

*Berater:*  „*Gibt es außer den fünf Prozent Gebühren noch irgendetwas, das Sie zögern lässt, das Geld bei mir anzulegen?*"

*Kunde:*  „*Nein.*"

Geben Sie jetzt die richtige Information. Selbst wenn Sie sich vollkommen sicher sind, dass Sie es richtig erklärt haben, übernehmen Sie die Verantwortung für das Missverständnis. Schließlich geht es darum, mit dem Kunden „ins Geschäft zu kommen" und nicht darum, dem Kunden zu beweisen, dass er nicht richtig zugehört hat.

*Berater:*  „*Gut, dass Sie es ansprechen. Da habe ich mich vorhin wohl missverständlich ausgedrückt. Die fünf Prozent sind einmalig am Anfang zu zahlen und aufgrund der höheren Verzinsung und der steuerlichen Aspekte lohnt sich diese Investition. Soll ich dann die Unterlagen mit 10.000 oder 15.000 Euro fertig machen?*"

Nachdem Sie den Sachverhalt klar gestellt haben, stellen Sie gleich wieder eine Abschlussfrage.

**Hauptgrund 2:** Kunde hat ein Angebot, das nicht zu den Erwartungen passt. Hier kommt in der Regel ein Aspekt der Geldanlage, der sachlich richtig ist, aber vom Kunden als störend empfunden wird.

*Kunde:*  „*Ich habe zwar nichts konkret mit dem Geld geplant, bin aber nicht bereit, anderthalb Jahre auf eine Verfügungsmöglichkeit zu verzichten.*"

Bevor Sie jetzt in die Argumentation einsteigen, klären Sie bitte noch, ob es weitere Einwände gibt.

*Berater:*  „*Gibt es außer diesem Aspekt noch irgendetwas, das Sie zögern lässt, das Geld bei mir anzulegen?*"

*Kunde:*    *„Nein."*

Präsentieren Sie jetzt dem Kunden eine Geldanlage, die alle seine Erwartungen erfüllt.

**Hauptgrund 3:** Kunde will noch bei einem anderen Anbieter ein Angebot einholen. Kunden sind mittlerweile so selbstbewusst, dass sie sich auch trauen, dies offen anzusprechen.

*Kunde:*    *„Herr Berater, Sie haben doch sicherlich Verständnis dafür, dass ich auch noch mal bei einem anderen Anbieter nachfragen möchte."*

Gehen Sie hier gar nicht auf die Unterstellung „Sie haben doch sicherlich Verständnis dafür" ein. Arbeiten Sie mit einer Interpretation nach der Reframing-Methode.

*Berater:*    *„Verstehe ich Sie richtig, dass Sie sich fragen, ob wir bei dieser Anlageform ein gutes Preis-/Leistungsverhältnis haben?"*

Hier antwortet der Kunde normalerweise mit *„Ja."*

Denn warum sollte er denn sonst vergleichen wollen? Klären Sie jetzt, ob er Zeit sparen will und auch mit einem Vergleich anhand der Fachpresse einverstanden ist.

*Berater:*    *„Mal angenommen, ich kann Ihnen anhand der Fachpresse nachweisen, dass diese Anlageform ein ausgezeichnetes Preis-/Leistungsverhältnis hat, wären Sie dann grundsätzlich bereit, das Geld gleich bei mir anzulegen?"*

*Kunde:*    *„Ja, wenn Sie mir das beweisen können, dann schon."*

Selbstverständlich brauchen Sie jetzt einen aussagefähigen Artikel aus der Fachpresse, der Ihr Angebot positiv bestätigt.

*Berater:*    *„Die Zeitschrift XY hat diese Geldanlage in einem Fünfjahresvergleich als eine der drei besten ihrer Kategorie bewertet. Ist das für Sie eine ausreichende Bestätigung?"*

*Kunde:*    *„Ja."*

Stellen Sie jetzt wieder eine Abschlussfrage:

*Berater:*    *„Möchten Sie 10.000 oder 15.000 Euro in diese Anlage investieren?"*

**Hauptgrund 4:** Der Kunde ist sich unsicher. Hier ist der Berater besonders gefordert, denn es gibt hier meist keine konkrete Aussage. Diese Kunden verhalten sich zögernd und zaudernd.

*Kunde:*    *„Naja, ich weiß auch nicht ....."*

Klären Sie hier bitte, ob es an der vorgeschlagenen Geldanlage liegt.

*Berater:*    *„Gibt es noch etwas, was Sie an dieser Geldanlage stört?"*

*Kunde:*    *„Nein."*

Hier gibt es zwei bewährte Ideen, wie Sie diesen Kunden überzeugen können.

**Variante 1: Sicherheit geben**

Diese Methode basiert darauf, dass Sie als Berater dem Kunden ein Gefühl der Sicherheit für die Entscheidung vermitteln. Sie wiederholen mit sicherer, ruhiger und einfühlsamer Stimme, gutem Blickkontakt und direkter Namensansprache, was der Kunde wollte. Sie stellen die drei wichtigsten Kundennutzen heraus und stellen anschließend wieder eine Abschlussfrage. Das hört sich einfach an, muss aber sehr oft trainiert werden, um zu wirken.

Berater:    *„Herr Kunde, dann lassen Sie es mich noch mal zusammenfassen. Sie wollten eine sichere Geldanlage, bei der Ihr Geld gut für Sie arbeitet und möglichst wenig Steuern auf die Erträge anfallen. Ist das so richtig?"*

Kunde:     *„Ja."*

Stellen Sie jetzt wieder eine Abschlussfrage:

Berater:    *„Genau für diese Erwartungen ist dieser Anlagevorschlag die richtige Wahl. Soll ich dann die Unterlagen mit 10.000 oder mit 15.000 Euro fertig machen?"*

**Variante 2: Zwei-Fragen-Technik**

Diese Methode basiert darauf, dass sich Kunden bestimmte Fragen stellen, bevor sie eine Entscheidung treffen. Meist sind es zwei sehr grundsätzliche Fragestellungen: Kann ich es mir leisten? Und: Ist es sinnvoll? Falls diese Fragen zur Zufriedenheit geklärt sind, dann steht einem Kauf nichts mehr im Weg.

Berater:    *„Herr Kunde, bevor ich eine finanzielle Entscheidung treffe, stelle ich mir immer zwei Fragen: Kann ich es mir leisten? Und: Ist es sinnvoll? Stellen Sie sich noch eine weitere Frage?"*

In schöner Regelmäßigkeit kommt hier beim unsicheren Kunden die Antwort *„Nein"*. Dann brauchen Sie nur noch die beiden Fragen zu klären und den Abschluss herbeizuführen.

Berater:    *„Herr Kunde, Sie haben den Anlagebetrag zur Verfügung und im Laufe des Gesprächs bestätigt, dass Ihnen diese Anlage gefällt. Möchten Sie jetzt 10.000 oder 15.000 Euro investieren?"*

Durch diese Frage kommen manchmal erst jetzt Punkte zur Sprache, die Sie benötigen, um Ihren Kunden endgültig zu überzeugen.

Ein weiterer klassischer Kundeneinwand in der Abschlussphase ist die Aussage: *„Ich will noch mit meinem/meiner Partner(in) reden."*

Hier kann es sein, dass der Kunde wirklich noch einmal Rücksprache halten möchte oder dass es sich um eine vorgeschobene Aussage handelt. Erstes Ziel muss es sein, dies herauszufinden. Dafür eignet sich die „Isoliertechnik". Hier klammern Sie den offenen Punkt einfach aus, sie isolieren ihn einfach.

Berater:     *„Herr Kunde, ich finde es gut, dass Sie noch mal mit Ihrer Partnerin reden möchten. Schließlich handelt es sich hier um eine finanzielle Entscheidung, die Sie beide betrifft. Mal unabhängig davon, was Ihre Partnerin sagt, würden Sie das Geld in diese Geldanlage investieren?"*

Kunde:     *„Ja."*

Dann sollten Sie einen weiteren Gesprächstermin mit der Partnerin vereinbaren.

Berater:     *„Gut, dann informieren Sie Ihre Partnerin über diese Anlageform. Erfahrungsgemäß lässt sich nicht ausschließen, dass dabei zusätzliche Fragen aufkommen. Deshalb schlage ich Ihnen vor, dass wir uns zu dritt zusammensetzen. Wann passt es Ihnen denn besser? Diese oder nächste Woche?"*

Dann geht ist im Sechs-Augen-Gespräch darum, auch noch die Partnerin zu überzeugen, aber der Kunde ist ja schon auf Ihrer Seite. Was können Sie aber tun, wenn der Kunde auf die Frage, ob er das Geld investieren würde, so reagiert:

Kunde:     *„Na ja, vielleicht."*

Dann gibt es ganz offensichtlich noch etwas, was den Kunden stört und genau das gilt es herauszufinden. Hier hilft eine universell einsetzbare Nachfrage.

Berater:     *„Ihre Reaktion zeigt mir, dass es noch irgendetwas gibt, dass Sie hindert, das Geld bei mir anzulegen. Was ist das konkret?"*

Denken Sie immer an die 3-H-Formel:

- ■  H      öfliche
- ■  H      ärtnickigkeit
- ■  H      ilft

# 10. Das Tüpfelchen auf dem i: Kundenerwartungen übertreffen

Flüchtiges Abenteuer oder langfristige Partnerschaft? Ersteres bringt zwar einen kurzfristigen Kick, das Zweite hat aber Zukunftsperspektive. Ähnlich ist es in der Wirtschaft. Laufkundschaft ist zwar schön, aber oftmals untreu. Das größere Geschäftspotenzial liegt in den Stammkunden, denn Verkaufen ist kein Ereignis, sondern ein Prozess. Eine Kundenbetreuung nach dem Motto „aus den Augen, aus dem Sinn" wird zu Kundenabwanderungen führen. Auch wenn ein Kunde sich zum Kauf entschieden hat, braucht er eine positive Bestätigung seiner Kaufentscheidung. Kundenbetreuung nach dem Verkauf ist eine wichtige Aufgabe, denn „nach dem Kauf ist vor dem Kauf".

Kundenbindung und Kundenloyalität haben eine enorme Bedeutung. Es geht darum, die Kunden in ihrer Kaufentscheidung zu bestätigen, sie zu Wiederholungs- und Zusatzverkäufen anzuregen, die Kundenzufriedenheit zu erhöhen und die Geschäftsverbindung langfristig zu sichern. Nach Schätzungen ist es fünfmal günstiger, einen bestehenden Kunden zu halten, als einen Neukunden zu gewinnen. Es gibt jedoch eine Herausforderung: Kunden erinnern sich kaum an Dienstleistungen, die zu ihrer Zufriedenheit – also genau nach ihren Erwartungen – erbracht wurden.

Wünschen Sie sich Kunden, die

- sich freuen, Sie zu sehen,

- nur zu Ihnen zur Beratung kommen,

- bei Wünschen, Fragen, Problemen und Abschlüssen zuerst an Sie denken,

- Ihnen glauben schenken,

- Sie weiterempfehlen,

dann begeistern Sie Ihre Kunden! Begeisterte Kunden sind loyaler als „nur" Zufriedene.

# Begeisterungsfaktoren in der Anlageberatung

Ein Begeisterungsfaktor in der Anlageberatung ist ein komplett auf die Ziele und Wünsche des Kunden abgestimmtes Angebot, das verständlich präsentiert und erklärt wird.

Ein weiterer Begeisterungsfaktor ist ein ganz besonderer, individueller Service. Ein Service, den die Kunden nicht erwarten. Ein Service, über den der Kunden spricht und ihn zu einem „Fan" macht. Hier geht es in erster Linie um die „kleinen" Gesten, die der Kunde nicht erwartet und vielleicht auch sonst noch nicht erlebt hat – die aber eine positive Stimmung herstellen.

Ein Kunde erwartet, dass Aufträge fristgerecht und richtig abgewickelt werden. Das seine Durchschriften ordnungsgemäß zugeschickt werden und er Sie bei Rückfragen erreichen kann. Wenn Sie ihm dann noch anbieten, dass Sie seine Unterlagen auch noch in von Ihnen zur Verfügung gestellte Ordner einsortieren, dann geht das schon über die „normale" Erwartung der meisten Kunden hinaus.

Die Wichtigkeit einer hohen Servicequalität für eine langfristige Kundenbindung und weitere Cross-Selling-Maßnahmen ergibt sich durch die Besonderheit des Verkaufsprozesses bei Finanzanlagen. Anlageprodukte sind abstrakte, auf die Zukunft gerichtete Leistungsversprechen mit meist längerfristiger Laufzeit. Weder Endwerte noch zwischenzeitliche Wertentwicklungen sind sicher noch prognostizierbar. Die Anlagerisiken liegen meist beim Kunden. Dieser muss auch Tiefphasen – wie sinkende Aktienkurse – finanziell und emotional durchstehen.

Banken rangieren laut einer IfD-Umfrage aus dem Jahr 2008 in der Qualitätsbeurteilung dienstleistungsorientierter Branchen mit nur 22 Prozent positiver Bewertungen im letzten Drittel. Was können Sie also im Bereich Kundenbetreuung tun, damit Ihr Kunde bei Ihnen Stammkunde wird bzw. bleibt? Die Antwort ist ganz einfach: Es geht um Serviceleistungen rund um die Themen Informationen, Beziehungen und Erlebnisse, denn besonders im gehobenen Segment möchten die Kunden individuell und nicht wie eine vorbeiziehende Ware am Fließband behandelt werden.

Hier ein paar Beispiele, wie Sie Pluspunkte sammeln und Minuspunkte wieder ausgleichen können:

■ Informationen

- Rufen Sie innerhalb einer Woche nach Abschluss bei Ihrem Kunden an und klären Sie, ob es noch offene Fragen gibt und bestätigen Sie ihm, dass er mit dem Kauf eine gute Entscheidung getroffen hat.
- Rufen Sie den Kunden einfach zwischendurch mal an und sprechen Sie mit ihm über die aktuelle Entwicklung der Anlagen. Wenn Sie immer nur anrufen, wenn Sie etwas verkaufen wollen, dann entwickelt er Ihnen gegenüber eine negative Erwar-

tungshaltung nach dem Motto „Der meldet sich nur dann bei mir, wenn er etwas verkaufen will."

- Vereinbaren Sie regelmäßige Gesprächstermine, um die bestehenden Geldanlagen zu besprechen.
- Wenn Sie zufällig einen Artikel über das Hobby des Kunden gelesen haben, schneiden Sie diesen aus und senden Sie ihn an den Kunden mit dem Vermerk „Für Sie gelesen".
- Schicken Sie Ihrem Kunden Testberichte über bereits abgeschlossene Anlagen, um ihn in seiner Kaufentscheidung zu bestärken.

■ Beziehung

- Notieren Sie wichtige Termine (Firmenjubiläum, Silberhochzeit) und gratulieren Sie ihm.
- Notieren Sie die Hobbys des Kunden und schenken Sie ihm zum Geburtstag etwas, das dazu passt.
- Notieren Sie sich (Lieblings-)Urlaubsorte und sprechen Sie den Kunden nach dem Urlaub darauf an.
- Erinnern Sie Ihre Kunden an wichtige Termine, z. B. Valentinstag.
- Es gilt der Grundsatz: Erst dienen, dann verdienen.

■ Erlebnis

- Bieten Sie Ihren Kunden Vorträge zu aktuellen Themen.
- Organisieren Sie Kundenreisen, z. B. die Besichtigung einer Schiffswerft für Kunden und Interessenten von Schiffsbeteiligungen.
- Veranstalten Sie Kundenevents, z. B. ein „After-Business-Golfturnier".
- Zeigen Sie dem Kunden seine Bedeutung, indem Sie kulant und großzügig agieren.

Selbstverständlich kosten diese Maßnahmen Zeit und Geld. Diese Investitionen zahlen sich aber langfristig aus. In der Sozialpsychologie heißt dieses Phänomen Reziprozität. Die Wissenschaft meint damit eine Erscheinung, der wir täglich ausgesetzt sind. Wenn Menschen etwas bekommen haben, entsteht bei den Beschenkten ein inneres Ungleichgewicht, welches sie gern wieder ausgleichen möchten. Sie fühlen sich teilweise sogar verpflichtet. Selbst wenn wir unaufgefordert etwas bekommen oder annehmen, entsteht dieses Gefühl. Bieten Sie deshalb konsequent einen besonderen Mehrwert. Zufriedene Kunden wechseln schnell zum Wettbewerber. Nur begeisterte Kunden sind treue Kunden!

Die Bedeutung der Kundenbetreuung kann nicht hoch genug eingeschätzt werden. Denn wenn Sie die Erwartungen Ihrer Kunden nicht nur erfüllen, sondern sogar übertreffen, dann werden Ihre Kunden Sie weiterempfehlen und Werbung für Sie machen. Diese Mund-zu-Mund-Propaganda erleichtert Ihnen die Neukundenakquisition und zeitverzögert kommen die Neukunden sogar „von allein" zu Ihnen.

## Aufgabe

Welche Mehrwerte bieten Sie ab morgen Ihren Kunden im Bereich

1. Informationen?
2. Beziehung?
3. Erlebnis?

Legen Sie dabei einen konkreten Maßnahmenplan für Ihre Kunden(gruppen) fest. Berücksichtigen Sie bei der Betreuungsintensität bitte den bisherigen Umsatz und das Umsatzpotenzial des Kunden. Besondere Aufmerksamkeit haben auch Kunden verdient, die bereits Empfehlungen für Ihr Unternehmen ausgesprochen haben.

# 11. Fazit

*„Leben ist die Kunst, taugliche Schlussfolgerungen
aus unzureichenden Prämissen zu ziehen."*

[Samuel Butler]

Verständlich verkaufen ist das Schlüsselwort der Zukunft. Verständlich verkaufen ist die Basis, um künftig erfolgreich zu verkaufen. Dafür wird es immer wichtiger, dass Sie sich selbst auf Veränderungen einstellen. Wenn Sie Rot und Gelb im gleichen Verhältnis mischen, dann erhalten Sie Orange. Wenn Sie eine andere Farbe wünschen, dann müssen Sie auch etwas anders machen.

Deshalb meine ganz persönliche Empfehlung an Sie: Machen Sie die Aufgaben, denn wenn Sie dadurch nur ein Geschäft im Monat mehr abschließen, dann hat sich die Investition in dieses Buch schon für Sie gelohnt! Wenn Sie sich auf diese Punkte einstellen, dann müssen Sie sich keine Gedanken über den wichtigsten Satz im Vertrieb machen. Den Umsatz.

# Anhang: Beispielpräsentationen

## A. Hedgefonds

- Marktneutrale Strategien (Relative Value)
- Ereignisorientierte Strategien (Event-Driven)
- Gelegenheitsorientierte Strategie (Opportunistic)
- Gemanagte Terminkontrakte (Managed Futures)

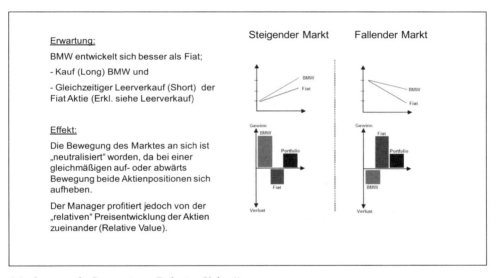

*Marktneutrale Strategien „Relative Value"*

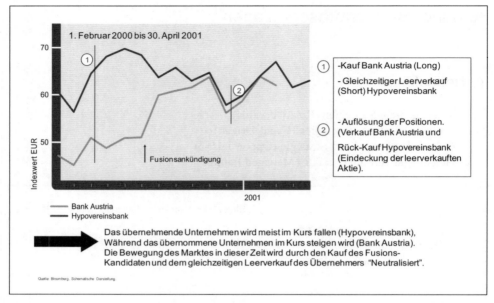

*Quelle: Bloomberg; Schematische Darstellung*
*Ereignisorientierte Strategien „Event Driven" I*

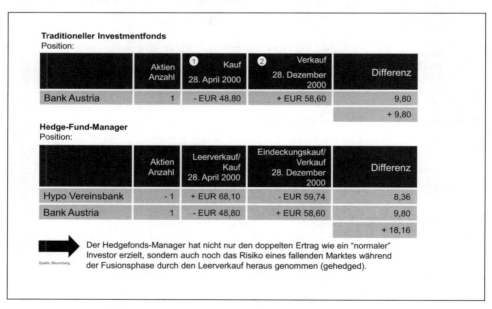

*Quelle: Bloomberg*
*Ereignisorientierte Strategien „Event Driven" II*

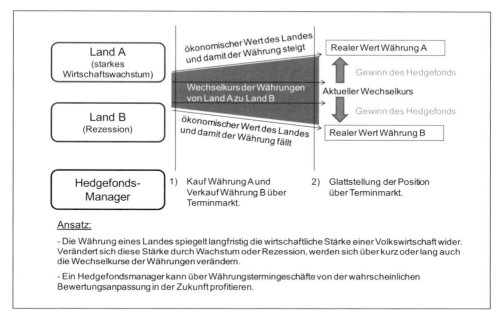

*Gelegenheitsorientierte Strategien „Opportunistic"*

Der Fachbegriff für Trendfolgesysteme besteht aus 2 Wörtern:

- **„Managed"** für verwaltet – Die „Verwalter" sind Trendfolgesysteme. Diese berechnen auf Basis von vergangenen Kursdaten eine Wahrscheinlichkeit, ob ein Auf- oder Abwärtstrend in einem Markt vorliegt. Je Wahrscheinlicher der Trend ist, desto mehr wir investiert.

- **„Futures"** für Termingeschäft – Über staatlich regulierte und transparente Terminmärkte können die Kauf- und Verkaufssignale umgesetzt werden. So können Trends an über 200 Märkten weltweit genutzt werden.

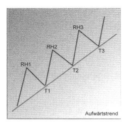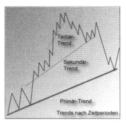

*Trendfolge Strategien „Managed Futures" I*

*Trendfolge Strategien „Managed Futures" II*

## B. Zertifikate

### Generelle Produktmerkmale von Zertifikaten

- Ein Vorteil von Zertifikaten ist, dass sie an der Börse handelbar sind und somit vom Anleger börsentäglich erworben und verkauft werden können
- Es existiert für nahezu jede Marktentwicklung ein passendes Zertifikat
- Ein Investment ist schon mit kleinen Anlagebeträgen möglich

Generell gelten für Zertifikate folgende Risiken:

- Zertifikate sind rechtlich gesehen Inhaberschuldverschreibungen und unterliegen so dem Emittentenrisiko
- Die Anlage in Zertifikaten kann unter Umständen zum Totalverlust führen
- Zins- und Dividendenzahlungen werden vom Emittenten nicht verbrieft

CREDIT SUISSE            CREDIT SUISSE Securities (Europe) Ltd.            28. August 2009
Seite 2

# Lösungen bei steigenden Märkten (Index-/Outperformance)

## Produktbeschreibung Indexzertifikat

- Ein Indexzertifikat bildet den zu Grunde liegenden Index 1:1 ab

- Der Anleger partizipiert an einem steigenden und fallenden Index

- Indexzertifikate können Endlos–Zertifikate sein oder eine begrenzte Laufzeit haben

- Haben ein Bezugsverhältnis (oft 1:10, 1:100)

- Der Anleger geht von einem steigenden Index aus und möchte daran partizipieren

CREDIT SUISSE          CREDIT SUISSE Securities (Europe) Ltd.          28. August 2009
                                                                       Seite 3

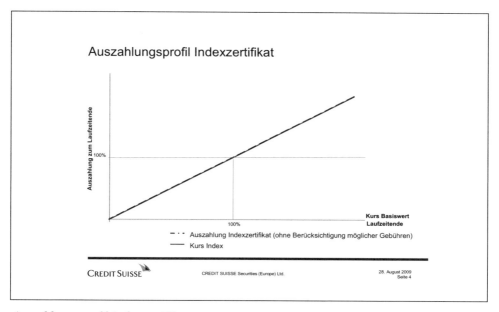

Auszahlungsprofil Indexzertifikat

*Auszahlungsprofil Indexzertifikat*

## Produktbeschreibung Outperformance-Zertifikat

- Ein Outperformance-Zertifikat bildet die positive Performance des Basiswertes überproportional ab (d.h. es besitzt einen Hebel)
- Die Höhe des Hebels ist abhängig von der Laufzeit des Basiswertes
- Outperformance-Zertifikate haben eine begrenzte Laufzeit
- Bei negativer Performance des Basiswertes nimmt der Anleger 1:1 an den Kursverlusten teil
- Der Anleger spekuliert auf einen steigenden Basiswert und profitiert überproportional von einer positiven Entwicklung

CREDIT SUISSE          CREDIT SUISSE Securities (Europe) Ltd.          28. August 2009
                                                                      Seite 9

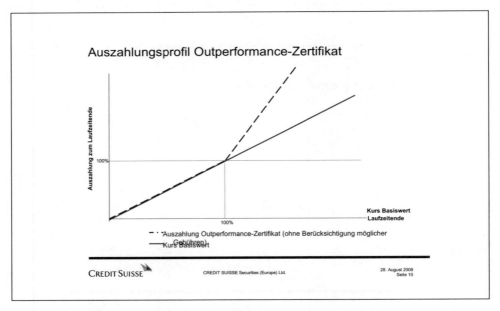

Auszahlungsprofil Outperformance-Zertifikat

CREDIT SUISSE          CREDIT SUISSE Securities (Europe) Ltd.          28. August 2009
                                                                      Seite 10

*Auszahlungsprofil Outperformance-Zertifikat*

# Lösungen bei stagnierenden Märkten (Discount/Bonus/Express)

## Produktbeschreibung Diskontzertifikat

- Der Basiswert wird mit einem „Diskont" im Vergleich zum aktuellen Kurs des Basiswertes erworben
- Diskontzertifikate haben eine vorher festgelegte Laufzeit und einen Cap (Höchstbetrag)
- Notiert der Basiswert am Laufzeitende über oder auf dem Cap, erhält der Anleger eine Rückzahlung i.H. des vorher festgelegten Caps
- Notiert der Basiswert am Laufzeitende unter dem Cap, erhält der Anleger entweder den Basiswert oder den entsprechenden Gegenwert in bar
- Ein Diskontzertifikat ist für Anleger geeignet, die mit einem Sicherheitspuffer in den Basiswert investieren wollen
- Diskontzertifikate sind für Anleger geeignet, die einen günstigen Einstieg in den jeweiligen Basiswert suchen und nach deren persönlicher Einschätzung sich der Kurs des Basiswertes seitwärts entwickeln oder leicht steigen wird

CREDIT SUISSE          CREDIT SUISSE Securities (Europe) Ltd.                          28. August 2009
                                                                                        Seite 26

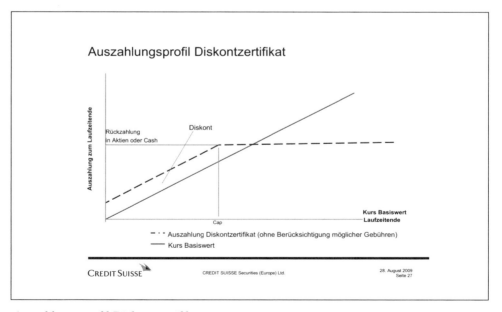

## Auszahlungsprofil Diskontzertifikat

Auszahlung zum Laufzeitende

Rückzahlung in Aktien oder Cash

Diskont

Cap

Kurs Basiswert Laufzeitende

- - - · Auszahlung Diskontzertifikat (ohne Berücksichtigung möglicher Gebühren)
—— Kurs Basiswert

CREDIT SUISSE          CREDIT SUISSE Securities (Europe) Ltd.                          28. August 2009
                                                                                        Seite 27

*Auszahlungsprofil Diskontzertifikat*

## Produktbeschreibung Bonuszertifikat I

- Ein Bonuszertifikat zahlt einen Bonusbetrag am Laufzeitende, wenn der Kurs des Basiswertes kontinuierlich mindestens auf oder über der vorher festgelegten Barriere notiert
- Sollte der Kurs des Basiswertes unter der Barriere ausgehend vom Fixingniveau notieren, partizipiert der Anleger 1:1 an der Wertentwicklung des Basiswertes
- Über dem Niveau des Bonuslevels partizipiert der Anleger an der Wertentwicklung des Basiswertes 1:1
- Die Laufzeit von Bonuszertifikaten kann vom Emittenten frei gewählt werden

- **Abwandlungen**: Kurs des Basiswertes wird nur am Laufzeitende betrachtet, das heißt, der Kurs des Basiswertes muss nur am Laufzeitende auf/über der Barriere liegen, um den Bonus zu erhalten
- Capped–Bonus–Zertifikat: Der Anleger erhält den vorher vereinbarten Bonus (falls der Kurs über der Barriere liegt), partizipiert allerdings nicht an einem über dem Bonuslevel liegenden Kurs des Basiswertes (wie bei einem „normalen" Bonuszertifikat), allerdings lässt sich mit der Capped-Variante eine niedrigere Barriere, bzw. ein niedrigerer Preis darstellen

## Produktbeschreibung Bonuszertifikat II

- Der Anleger möchte von einem steigenden, gleichbleibenden oder leicht fallenden Basiswert profitieren
- Für Anleger interessant, die eine Absicherung nach unten suchen, d.h. nicht das Risiko eines Direktinvestments eingehen wollen
- Auch bei einer Seitwärtsentwicklung / fallenden Märkten erzielen die Anleger in diesem Produkt Erträge

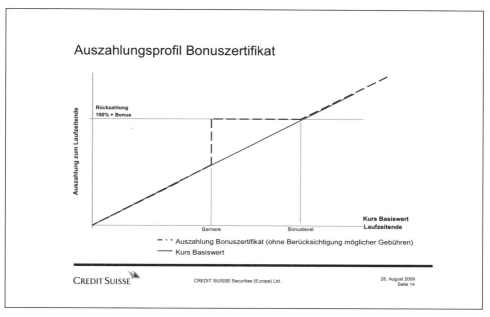

*Auszahlungsprofil Bonuszertifikat*

## Produktbeschreibung  Express-Zertifikat I

- Express–Zertifikate haben eine vorher festgelegte Expresszahlung, Tilgungsschwelle, Barriere und verschiedene festgeschriebene Beobachtungstermine, an denen die Entwicklung des Basiswertes maßgeblich ist
- Der Basiswert darf zwischen den Beobachtungsterminen durchaus unter den Startkurs rutschen
- Notiert der Basiswert am Beobachtungstermin auf oder über der Tilgungsschwelle (ausgehend vom Fixingniveau), wird das Zertifikat vorzeitig zurückgezahlt
- Anleger erhalten den Nominalwert des Zertifikats plus die festgelegte Expresszahlung
- Schließt der Basiswert am Beobachtungstermin unterhalb dieser Schwelle, läuft das Zertifikat weiter – mindestens bis zum nächsten Beobachtungstermin, zu dem sich der Mechanismus wiederholt

CREDIT SUISSE          CREDIT SUISSE Securities (Europe) Ltd.          28. August 2009
Seite 19

## Produktbeschreibung  Express-Zertifikat II

- Wird das Zertifikat nicht vorzeitig zurückgezahlt, ergeben sich folgende Rückzahlungsvarianten am Laufzeitende:

  - Notiert der Basiswert auf oder über der Tilgungsschwelle, erhält der Anleger eine 100-prozentige Rückzahlung des Nominalbetrages plus die vorher vereinbarte Expresszahlung
  - Notiert der Basiswert am Laufzeitende über der Barriere, aber unterhalb der Tilgungsschwelle seines Fixingstands wird das Zertifikat in Höhe des Nominalbetrages zurückgezahlt
  - Notiert der Basiswert am Laufzeitende unter der Barriere, dann erfolgt die Rückzahlung in Abhängigkeit von der Entwicklung des Basiswertes

- Express-Zertifikate sind für Anleger geeignet, die mit moderat steigenden Märkten oder einer Seitwärtsentwicklung rechnen

CREDIT SUISSE         CREDIT SUISSE Securities (Europe) Ltd.         28. August 2009
Seite 20

## Auszahlungsprofil Express-Zertifikat

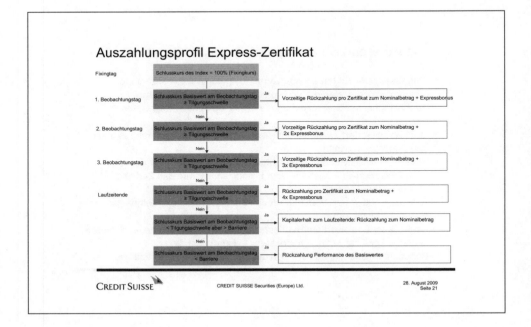

CREDIT SUISSE         CREDIT SUISSE Securities (Europe) Ltd.         28. August 2009
Seite 21

# Lösungen bei fallenden Märkten (Deep-Discount/Reverse)

## Produktbeschreibung Deep-Diskontzertifikat

- Deep-Diskontzertifikate funktionieren wie Diskontzertifikate

- Unterschied: Der Cap liegt weit unter dem aktuellen Kurs des Basiswertes

- Der Diskont beim Erwerb ist entsprechend größer

- Der Cap ist entsprechend kleiner, was eine kleinere Rendite bedeutet

- Für Anleger geeignet, die Kursrückgänge nicht ausschließen, aber auch bei Kursrückgängen Erträge erzielen wollen

CREDIT SUISSE        CREDIT SUISSE Securities (Europe) Ltd.        28. August 2009
Seite 29

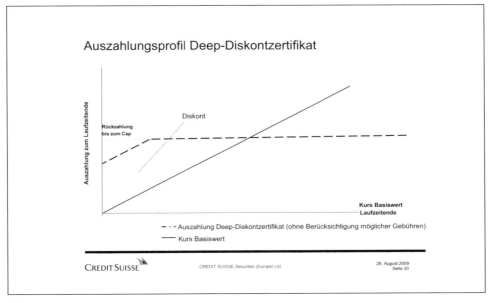

*Auszahlungsprofil Deep-Diskontzertifikat*

## Produktbeschreibung Reverse Indexzertifikat

- Das Zertifikat bewegt sich entgegengesetzt zum Kursverlauf des Indexes
- Anleger profitiert von einem fallenden Index
- Können Endlos–Zertifikate sein oder eine begrenzte Laufzeit haben
- Haben ein Bezugsverhältnis (oft 1:10, 1:100)
- Ein Anleger geht von einem fallenden Index aus und möchte davon profitieren
- Eine Anlage in Reverse Indexzertifikate ist auch als Absicherung gegen fallende Kurse geeignet

CREDIT SUISSE          CREDIT SUISSE Securities (Europe) Ltd.          31. August 2009
                                                                       Seite 6

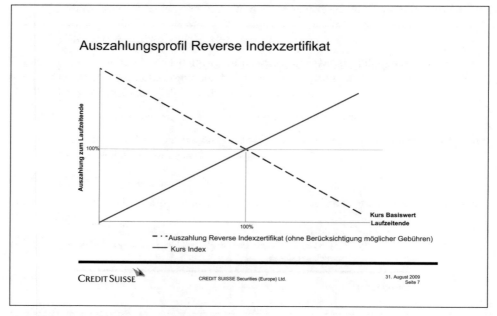

## Auszahlungsprofil Reverse Indexzertifikat

- - - Auszahlung Reverse Indexzertifikat (ohne Berücksichtigung möglicher Gebühren)
—— Kurs Index

CREDIT SUISSE          CREDIT SUISSE Securities (Europe) Ltd.          31. August 2009
                                                                       Seite 7

*Auszahlungsprofil Reverse Indexzertifikat*

# C. Sachwertbeteiligungen

– Private Equity

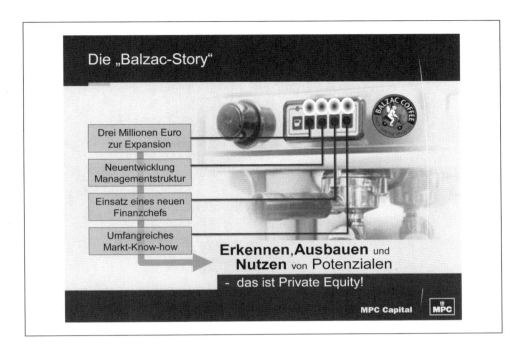

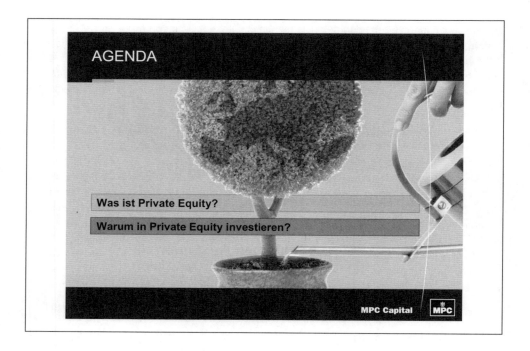

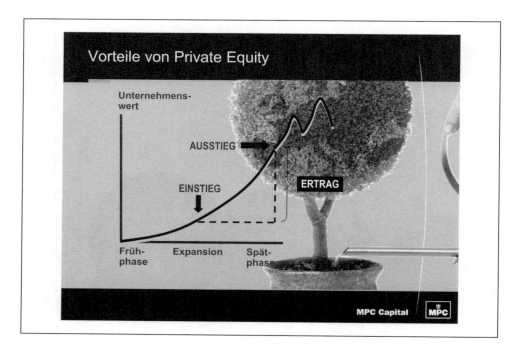

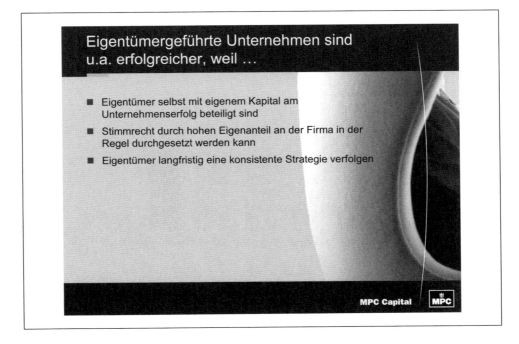

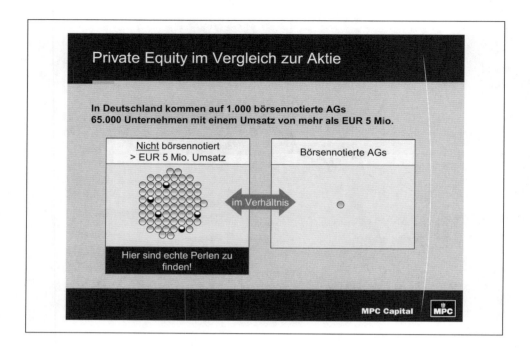

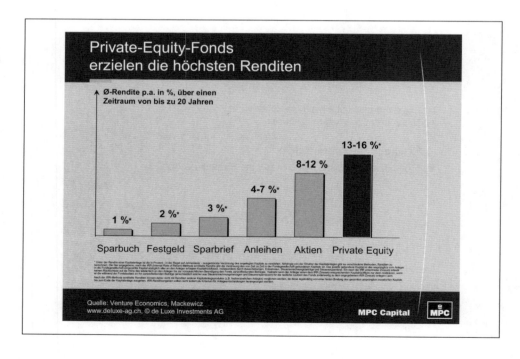

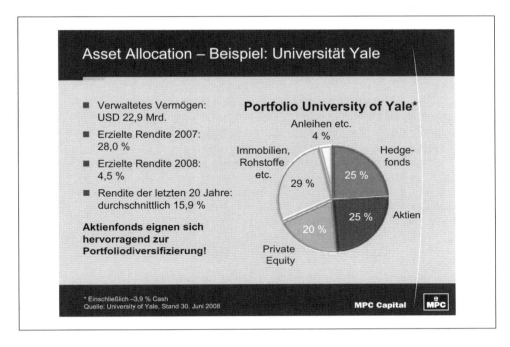

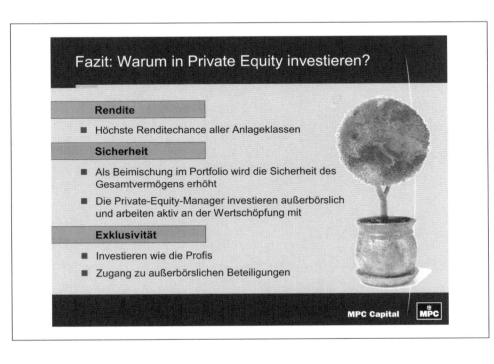

# Praxisbericht von Andreas Ullmann
# Geno. Bankbetriebswirt (MGB) Prokurist apano GmbH

Seit 1994, also mittlerweile über 15 Jahre hinweg, bieten die Mitarbeiter von apano in Deutschland erfolgreich Hedgefonds-Produkte an. Damals war diese Anlageform noch viel unbekannter als heute. Selbst Zertifikate waren zu dieser Zeit noch nicht weit verbreitet und Investmentfonds hatten gerade ihren Aufschwung, der bis zum Jahr 2000 andauern sollte. Dennoch war es auch zu dieser Zeit möglich, dem Anleger seinen Nutzen aus Alternativen Investments zu vermitteln und die grundsätzliche Funktionsweise solcher Anlageprodukte klar und verständlich darzulegen.

Durch einige einfache Grundsätze und die vertriebliche Ausrichtung auf die Bedürfnisse und Wünsche des Kunden war es apano möglich, in dieser Zeit mehr als 30.000 Anleger zu gewinnen und aktuell ein Volumen von über 800 Mio. Euro zu verwalten. Was ist das „Geheimnis" bzw. die Ursache des Erfolges von apano?

Die meisten deutschen Anleger wünschen sich Sicherheit. Insbesondere wenn in Strategien investiert wird, die der Kunde noch nicht kennt. Ein Erfolgsgeheimnis war es daher, die Produkte an die Bedürfnisse der Kunden anzupassen und mit einer 100-Prozent-Kapitalgarantie auszustatten. Die Rendite wurde durch eine erfolgreiche Trendfolgestrategie (AHL) erreicht, die auch bei fallenden Märkten Erträge erwirtschaften kann. Dadurch hatte der Kunde beides, Rendite und Sicherheit.

Ein weiterer Erfolgsfaktor war und ist die Nutzung von bildhaften Prospekten und die Fokussierung auf die für den Käufer wichtigen Informationen. Ziel ist es, auf die typischen Fragen des Kunden einfache und verständliche Antworten zu finden.

Stellen Sie sich vor, Sie wollen ein Auto kaufen. Was ist Ihnen da wichtig? Sicher wollen Sie wissen, wie das Auto zu bedienen ist und welche Extras es eingebaut hat. Natürlich wollen Sie darin sitzen und wissen, wie gut es sich anfühlt und wie sich der Motor anhört. Sie werden sich vorstellen, wie Sie damit über eine freie Straße bei Sonnenschein fahren und richtig Spaß haben! Interessiert es Sie dabei, wie die Elektronik oder andere technische Teile aufgebaut sind?

Genauso denkt und fühlt auch ein Kunde, der eine Geldanlage machen will. Versetzen Sie sich also in die Lage des Kunden und fragen Sie sich vorher, was sind für ihn die wesentlichen Informationen? Typische wichtige Informationen sind:

- Wie groß ist mein Risiko und wie sicher ist mein Geld?
- Wie viel Rendite kann ich damit verdienen und wovon ist sie abhängig?
- Wie schnell komme ich wieder an mein Geld?

■ Wer ist der Partner, mit dem ich zusammen arbeite?

Insbesondere die letzte Frage ist eine wesentliche Frage. Geldanlage ist Vertrauenssache! Der Kunde muss die Sicherheit und das gute „Bauchgefühl" haben, dass sein Geld in guten Händen ist. Nutzen Sie also Referenzen wie Zeitungsartikel, Auszeichnungen und bisherige Erfolge von Produkten dieses Anbieters. Wenn Sie Bilder von wichtigen Personen dieses Unternehmens haben, wie z. B. Geschäftsführer, Manager etc., von deren Entscheidungen das Wohl des Kunden bzw. seines Geldes abhängt, dann bringen Sie diese mit ein. Ein Gesicht hinter einer Firma bzw. einem Produkt schafft eine persönliche Beziehung und damit Vertrauen.

Heute werden ca. 50 Prozent des Absatzes auch über Vertriebspartner, wie z.B. Volks- und Raiffeisenbanken, Sparkassen, Vermögensverwalter und unabhängige Vermögensberater erzielt. Hier kommt ein neuer Erfolgsfaktor zum tragen: das persönliche Kundengespräch.

Um unsere Partner zu unterstützen, gehen wir mehrere Wege. Ein Weg ist z.B. die Nutzung von Verkaufshilfen, sogenannten „One-Pagern". Diese beantworten mit wenigen Bildern die für den Anleger wesentlichen Fragen. In Verkaufsschulungen wird der Einsatz dieser „One-Pager" trainiert. Bei diesen Schulungen greifen wir auch gerne auf Ralf Meyer zurück, der die wichtigsten Grundregeln der verständlichen Beratung in seine praxiserprobte und erfolgreiche Gesprächsstruktur integriert hat.

Ein weiterer wesentlicher Punkt während des persönlichen Kundengespräches ist auch die Vermeidung von Fremdwörtern! So wie Sie für jede Fachinformation ein erklärendes Bild im Hinterkopf haben müssen, das Sie dem Kunden auf einen Zettel zeichnen können, ist es hilfreich, für jeden Fachbegriff ein deutsches Wort oder Erläuterung parat zu haben. Insbesondere ältere oder nur deutschsprachige Kunden werden es Ihnen danken!

Die apano-akademie bietet als eigenständige Firma Schulungen und Ausbildungen speziell für Finanzdienstleister an. Von der Ausbildung zum Hedgefondsberater bis hin zum Spezialisten der technischen Analyse können wir auf das umfangreiche Seminarangebot der akademie zurückgreifen, um unsere Mitarbeiter bei der fachlichen Weiterbildung zu unterstützen.

Zum Eigenstudium wurden verschiedene Bücher veröffentlicht, wie z.B. „Chancen durch Geschlossene Fonds", „Grundsätze soliden Investierens" oder „Der Knigge für Finanzdienstleister". Dieses Buch der apano-akademie soll Ihnen helfen, die Grundregeln der verständlichen Beratung mit der erfolgreichen Gesprächsstruktur von Ralf Meyer in der Praxis anzuwenden.

Nutzen Sie die Praxiserfahrungen aus diesem Buch, die in der Vergangenheit genauso wie heute und morgen ihre Gültigkeit haben und profitieren Sie damit von dem Trend der Zukunft – Alternative Investments.

Viel Erfolg wünscht Ihnen

Ihr Andreas Ullmann

## Praxisbericht von Peter Kunze
## Diplom Bankbetriebswirt & Bereichsleiter Privatkunden
## Prokurist der VR-Bank Rhön-Grabfeld eG

Es ist jetzt schon fünf Jahre her, seit wir erstmals den Bankentrainer Ralf Meyer in unser Haus geholt haben. Schon vor dieser Zeit hatten wir eine ausgeprägte Anlageberatung, die Teil unserer ganzheitlichen Beratungsphilosophie war. Doch unser Anspruch war es, nicht nur vertriebsstark und erfolgreich zu sein, sondern zu den Top-Banken zu gehören. Die Kunden sollen eine erstklassige Beratung und Betreuung erleben, die sich von den meisten Mitbewerbern abhebt und in der Kundenzufriedenheit widerspiegelt.

Die Herausforderung lag darin, die zunehmende Komplexität der Produktvielfalt für die Bedürfnisse der Kunden aufzubereiten. Außerdem war und ist es wichtig, in der Beratung die Anlageformen bedarfsgerecht und verständlich zu verkaufen. Hier griffen wir auf die langjährige Erfahrung von Ralf Meyer zurück, der schon mehrfach seine Praxisnähe erfolgreich unter Beweis gestellt hatte.

Für uns ist es besonders wichtig, dass sich der Trainer auf unsere Beratungsphilosophie individuell einstellt und nicht mit seinen „vorgefertigten" Konzepten ankommt. Auch sollen die bankeigenen Verkaufshilfen „VR-FinanzPlan" für die ganzheitliche Beratung und „Basisinvestment & Satellitenstrategie" für unser Anlagekonzept mit eingebunden werden. Die integrierten Unterlagen und der enge Bezug zu unserer bisherigen Vorgehensweise führte zu einer hohen Identifikation und Begeisterung bei den Vertriebsmitarbeitern.

Das Trainingskonzept führt einerseits systematisch durch das Kundengespräch, lässt aber gleichzeitig auch Spielraum für Individualität. Die erarbeiteten Gesprächsleitfäden finden durch die praxiserprobten Formulierungen eine hohe Akzeptanz und werden in den Rollenspielen gleich geprobt. Die dadurch gewonnene Sicherheit ermöglicht es den Beratern schon ab dem nächsten Arbeitstag, selbstsicher Kundengespräche zu führen.

Damit die gewünschte Qualität auch flächendeckend beim Kunden ankommt, werden die Mitarbeiter im Rahmen von „training on the job" durch Trainer und Führungskraft begleitet. Gerade hier kommt es auf die Nachhaltigkeit an, damit das Gelernte erfolgreich angewendet wird. Außerdem machen wir einmal im Jahr ein Qualitätssicherungsgespräch, bei dem eine bestimmte Anlegersituation durchgespielt wird. Hierbei achten wir auf vorher festgelegte Kriterien, die anschließend mit dem Mitarbeiter in Form des Feedbacks kommuniziert werden. Durch die Maßnahmen gewährleisten wir eine durchgängig hohe Beratungsqualität, die flächendeckend in unserem Bankgebiet Einsatz findet.

Es dauerte gute zwei bis drei Jahre, bis die komplette Trainingsreihe im Privatkundenbereich durch Intervallseminare implementiert und umgesetzt wurde. Zusammenfassend kann ich sagen, dass wir durch Einsatz des Trainers Ralf Meyer sehr erfolgreich am Markt tätig sind. Die Berater sind hochmotiviert und die Kunden sind sehr zufrieden mit den verständlich und professionell geführten Beratungsgesprächen. Ich freue mich auf das neue Buch von Ralf Meyer, der hier wieder einmal seinem Motto „aus der Praxis – für die Praxis" gerecht wird.

Ihr

Peter Kunze

# Vielen Dank …

… an Peter Kräuter, Geschäftsführer der apano akademie, für den Auftrag, dieses Buch zu schreiben.

… an Andreas Ullmann, Prokurist der apano GmbH, für den Praxisbericht, die vielen Anregungen und natürlich für die erstellten Grafiken.

… an Peter Kunze, Prokurist der VR-Bank Rhön-Grabfeld eG, für den Praxisbericht, die vielen Ideen sowie die Telefonate und persönlichen Gespräche.

… an Robert Müller, Dipl. Kaufmann, der sich viel Zeit genommen hat, meine Ideen immer konstruktiv und kritisch zu hinterfragen.

… an MPC und die Credit Suisse für die Grafiken.

… an alle Menschen, die mich in den Jahren meiner beruflichen Laufbahn begleitet, geprägt und unterstützt haben.

… natürlich auch an meine Freundin, die viel Verständnis für meine beruflichen Projekte hat.

# Abbildungsverzeichnis

# Der Autor

Ralf Meyer ist ausgebildeter Bankkaufmann und studierter Bankbetriebswirt (BA), Versicherungsfachmann (BWV) und Fachberater für Finanzdienstleistungen (IHK). Er war Leiter Privatkunden und Service bei einer Großbank, Vertriebsleiter bei einer großen Privatbank, zuständig u. a. für Wertpapier-Coaching, und Centerleiter bei einer Finanzplanungsfirma. Seit 15 Jahren ist er zudem als Dozent bei der Frankfurt School of Finance and Management tätig. Seit 2003 arbeitet Ralf Meyer selbständig als Berater im Bereich Anlage- und Vorsorgeberatung. Bereits seit 1995 führt er im Rahmen seiner Tätigkeiten auch Verkaufstrainings durch. Im Jahr 2004 machte er sich, parallel zu seiner Tätigkeit als Berater, auch als Verkaufstrainer selbständig. Seit 2007 arbeitet er dabei mit dem Selling-Guide-Konzept, das er

aufbauend auf seiner langjährigen Erfahrung in der Beratung selbst entwickelt hat. Weitere Informationen im Internet unter www.derBankverkaufstrainer.de

## Der Bankverkaufstrainer:
## Mit System zum Verkaufserfolg

Ein Interview mit Ralf Meyer

*Herr Meyer, Sie haben im Jahre 2004 entschieden, sich neben Ihrer Tätigkeit als Berater auch als Verkaufstrainer für Finanzdienstleister selbständig zu machen. Was hat Sie nun dazu bewogen, ein eigenes Konzept, das Selling-Guide-Konzept, zu entwickeln?*

Wenn Sie sich heute anschauen, welche Formen der Verkaufstrainings es gibt, dann geht es ja meistens um das Thema Kommunikation. Das wird in der Regel sehr allgemein gehalten, ganz egal, ob Sie Waschmittel, Autos oder Finanzdienstleistungen verkaufen. Kommunikation mit Menschen ist auch ein sehr allgemeines Thema. Die Finanzdienstleistungsbranche hat allerdings ganz spezielle Anforderungen und das hat mich dazu gebracht, spezielle Verkaufstrainings zu bestimmten Themen aus den Bereichen ganzheitliche Beratung, Anlage- und Vorsorgeberatung zu entwickeln. Mein Selling-Guide-Konzept unterscheidet sich von anderen Angeboten insofern, als es um die Ausarbeitung ganz konkreter Vorgehensweisen für die Gesprächsführung mit dem Kunden geht. Wir entwickeln gemeinsam einen konkreten Selling-Guide, also einen „Weg zur Gesprächsführung" für die Themen ganzheitliche Beratung, Anlage- und Vorsorgeberatung. Dieser ist nach dem Training dann eins zu eins umsetzbar.

*An welche Zielgruppen richten sich Ihre Verkaufstrainings?*

Meine Zielgruppen sind Berater von Privatkunden im Finanzdienstleistungsbereich rund um die Themen ganzheitliche Beratung, Anlage- und Vorsorgeberatung. Ich habe mich dabei auf In-House-Seminare für Unternehmen spezialisiert.

*Nun gibt es heute für die Anbieter im Bereich Anlage- und Vorsorgeberatung in erster Linie zwei Arten von Trainings: zum einen allgemeine Verkaufstrainings und zum anderen Fachtrainings. Wo ordnen Sie Ihre Trainings ein?*

Meine Trainings setzen genau an der Schnittstelle zwischen Verkaufs- und Fachtrainings an. Das heißt, es geht um die Frage: Wie kann ich mit meinen Kunden gemeinsam im Bereich Anlage- und Vorsorgeberatung ein Gespräch so führen, dass sich der Kunde wohl und „gut aufgehoben" fühlt? Das Alleinstellungsmerkmal meiner Trainings ist, dass am Ende eine konkrete Angebotspräsentation vorliegt, in der fachliche Fundiertheit und professionelle Kommunikation vereint werden. Damit entsteht für die Berater, die nach dem Selling-Guide-Konzept geschult werden, ein sofortiger Mehrwert.

*Wenn ich nun an einem Ihrer Trainings teilnehme, welcher Ablauf erwartet mich dort?*

Das Ziel meiner Trainings ist natürlich, die Arbeit der Berater in positiver Weise zu verändern. Jede Veränderung ist aber erst einmal mit Widerständen verbunden. Zu Beginn meiner Trainings setzen wir uns deshalb zusammen und thematisieren diese Widerstände, damit die Teilnehmer dafür auf offene und humorvolle Weise sensibilisiert werden. Im Anschluss sprechen wir darüber: Wie ziehe ich ein Verkaufsgespräch zu einem bestimmten Thema auf? Welche Fragen sind in der Bedarfsanalyse zu klären, um zu sehen, ob das Thema für den Kunden interessant ist? Das erarbeiten wir in gemeinsamen Dialogen, aufbauend auf gezielten Fragen. Dann werden diese Gespräche in Rollenspielen eingeübt, damit die Teilnehmer sofort Verhaltenssicherheit bekommen. Nach der Analysephase machen wir dasselbe mit den Themen Präsentations- und Abschlussphase. Und wenn wir dann das Seminar verlassen, weiß jeder, wie er das Gespräch zu führen hat. Im zweiten Schritt erstellt jeder Teilnehmer seinen eigenen Selling-Guide. Im Selling-Guide wird festgehalten: Welche Fragen stelle ich in welcher Reihenfolge dem Kunden bzw. wie präsentiere ich ganz konkret mein Angebot? Dieser zweite Schritt dient dazu, das Konzept an die Individualität und die Persönlichkeit des einzelnen Beraters anzupassen. Die Änderungen werden schließlich noch einmal mit mir besprochen, um sicherzustellen, dass die ursprüngliche Idee hinter dem Konzept beibehalten wird.

*Wie stellen Sie nach einem solchen Seminar sicher, dass das Erarbeitete von den Teilnehmern auch umgesetzt wird?*

Dazu bin ich in einem dritten Schritt bei den Kundenberatern direkt im Gespräch mit dem Kunden dabei und beobachte, wie der Berater das Erarbeitete in der Praxis umsetzt. Nach dem Kundengespräch sprechen wir über die erzielten Ergebnisse und über mögliche Verbesserungen des Erlernten. Ich mache das über mindestens zwei Kundengespräche. Weiterhin ist es wichtig, dass die Führungskraft ebenfalls zwei Kundengespräche begleitet, sodass der Mitarbeiter mindestens vier begleitete Gespräche geführt hat. Immer wenn man etwas Neues ausprobiert und es nicht funktioniert, kann es zu einem gewissen Anfangsfrust kommen. Um das zu verhindern, ist es einfach wichtig, dass man hier die Gespräche begleitet. Schließlich führe ich als vierten Schritt einmal im Jahr Gespräche zur Qualitätssicherung mit den Beratern. Erst durch diese letzten beiden Schritte wird auch garantiert, dass die Ergebnisse aus meinem Training einen nachhaltigen Effekt für die Teilnehmer haben.

*Welches Feedback bekommen Sie von den Unternehmen, die Ihre Beratung in Anspruch genommen und die Inhalte in der Praxis umgesetzt haben?*

Die einzelnen Berater, die an meinen Verkaufstrainings teilgenommen haben, geben als Feedback an, dass sie schneller erkennen, ob der Kunde wirklich ernsthaftes Interesse hat. Als weiteres Ergebnis meiner Trainings erlebt der Kunde nun, dass seine Interessen im Mittelpunkt des Beratungsgesprächs stehen. Dadurch schließt er schneller ab, nimmt die Beratung gerne wieder in Anspruch und empfiehlt das Angebot im Bekanntenkreis weiter. Diese Erfahrungen der einzelnen Berater spiegeln sich auch im wirtschaftlichen Erfolg der Unternehmen, die ich beraten habe, wider. Das können Sie übrigens auch auf meiner Homepage nachlesen, denn dort finden Sie die Referenzen meiner Auftraggeber.

*Können Sie noch einmal kurz die wichtigsten Vorteile Ihres Selling-Guide-Konzepts zusammenfassen?*

Zunächst einmal zeichnet sich mein Training nach dem Selling-Guide-Konzept durch eine konkrete Anwendungsorientierung aus. Die Ergebnisse sind sofort umsetzbar und steigern unmittelbar und nachhaltig die Erlöse. Weiterhin vereinfacht die einheitliche Vorgehensweise nach definierten Qualitätsstandards die Kommunikation unter den Beratern. Auch die Kunden erleben die daraus entstehende besondere Beratungskompetenz. Schließlich zeichnen sich meine Trainings wegen ihrer modularen Gestaltung durch eine hohe Flexibilität aus. So kann ich je nach Bedarf sehr gezielt einzelne Seminare zu speziellen Themenbereichen anbieten, aber ebenso gut stark aufeinander aufbauende Seminarreihen. Auftraggeber, die mich schon seit längerem immer wieder eingesetzt haben, konnten so ihren Schulungsaufwand effektiv verringern, was langfristig die Kosten senkt.

*Vielen Dank für das Gespräch.*

## Banking im 21. Jahrhundert

In mehr als 7.500 Stichwörtern erfährt der Nutzer alles, was er über Bank, Börse und Finanzierung wissen muss. Das Gabler Bank-Lexikon liefert umfassende und praxisgerechte Informationen zu allen Finanzprodukten und Finanzdienstleistungen, zum Bankmanagement und zu den neuesten bankrechtlichen Entwicklungen. Die aktuellen Diskussionen in der Finanzwelt werden von Top-Managern der Banken-Szene aufgegriffen und in Schwerpunktbeiträgen fortgeführt. Für tagesaktuelle Informationen werden zu vielen Stichwörtern interessante Internet-Adressen angeboten. Zusätzlich werden alle Inhalte über einen Internet-Update-Service aktualisiert.

*„Das Lexikon liefert eine ebenso theoretisch fundierte wie praxisgerechte Aufbereitung des Bankeneinmaleins und des bekanntermaßen recht zähen Finanzstoffs."*  *Die Welt*

*„Auf Fragen zu aktuellen, aber auch klassischen Themen gibt der ,Gabler' prägnante Antworten."*  *Die Bank*

*„Die Börsen-Zeitung gibt aus guten Gründen keine eigenen Kaufempfehlungen für Wertpapiere. Zum Investment in den Gabler hingegen kann man guten Gewissens raten. Die Chance auf eine ansehnliche Informationsrendite ist hoch, das Risiko, enttäuscht zu werden, gering."*  *Börsen-Zeitung*

Jürgen Krumnow / Ludwig Gramlich / Thomas A. Lange / Thomas M. Dewner (Hrsg.)

**Gabler Bank-Lexikon**

Bank – Börse – Finanzierung
13., vollst. überarb. u. erw. Aufl.
2002. XVIII, 1485 S.
Geb. EUR 78,00
ISBN 978-3-409-46116-0

Änderungen vorbehalten. Stand: Februar 2010.
Erhältlich im Buchhandel oder beim Verlag

Gabler Verlag . Abraham-Lincoln-Str. 46 . 65189 Wiesbaden . www.gabler.de

GABLER

# Rechnungswesen zum Nachschlagen

↗

## Die wichtigsten Grundbegriffe für Beruf und Studium

Das Lexikon für Beruf und Studium definiert mehr als 2.000 Stichwörter zu Buchführung, Bilanzierung, Kostenrechnung und Controlling. Einfach und verständlich werden die Grundlagen des externen und internen Rechnungswesens erklärt sowie die Wechselwirkungen zwischen diesen Bereichen dargestellt.

Die zweite Auflage des Lexikons wurde vollständig überarbeitet und vor allem in den Bereichen des internen Rechnungswesens und Controllings um neue Begriffe ergänzt. Themen wie die wertorientierte Unternehmenssteuerung, das Risikomanagement und die Auswirkungen von IFRS und US-GAAP für das Controlling wurden berücksichtigt.
Im Bereich der Rechnungslegung wurden alle Stichwörter hinsichtlich internationaler Rechnungslegungsstandards und der neuen HGB-Regelungen überarbeitet und aktualisiert.

Univ.-Professor Dr. **Wolfgang Becker** ist Ordinarius für Betriebswirtschaftslehre und Inhaber des Lehrstuhls für Unternehmensführung und Controlling an der Universität Bamberg, Wissenschaftlicher Direktor des Deloitte Mittelstandsinstituts an der Universität Bamberg sowie Gründungsgesellschafter und Vorsitzender des Beirats der Scio GmbH in Erlangen

Dr. **Stefan Lutz**, Wirtschaftsprüfer und Steuerberater, arbeitet als Partner bei der MAZARS Revision & Treuhandgesellschaft mbH in Frankfurt.

Wolfgang Becker / Stefan Lutz

**Gabler Kompakt-Lexikon Modernes Rechnungswesen**

2.000 Begriffe zu Buchführung und Bilanzierung, Kostenrechnung und Controlling nachschlagen, verstehen, anwenden
2. Aufl. 2007. X, 304 S.
Br. EUR 24,90
ISBN 978-3-409-29889-6

Änderungen vorbehalten. Stand: Februar 2010.
Erhältlich im Buchhandel oder beim Verlag

Gabler Verlag . Abraham-Lincoln-Str. 46 . 65189 Wiesbaden . www.gabler.de